SANDRO PÉ lebt in Weibern in der Eifel und arbeitet seit 2013 als Altenpfleger. Er ist zum erfolgreichsten Pflege-Blogger in den sozialen Medien avanciert. Dort setzt er sich für eine menschenwürdige Pflege ein.

SANDRO PÉ

MIT DORIS MENDLEWITSCH

■ ■ ■

WIR DÜRFEN ALTE MENSCHEN NICHT ALLEIN LASSEN!

Wie wir den Pflegenotstand beenden

ROWOHLT TASCHENBUCH VERLAG

Originalausgabe
Veröffentlicht im Rowohlt Taschenbuch Verlag,
Hamburg, Mai 2020
Copyright © 2020 by Rowohlt Verlag GmbH, Hamburg
Redaktion Fabienne Witte
Covergestaltung zero-media.net, München
Coverabbildung Alexa Kirsch
Satz aus der LexiconNo2RomanA
bei Pinkuin Satz und Datentechnik, Berlin
Druck und Bindung GGP Media GmbH, Pößneck, Germany
ISBN 978-3-499-00056-0

Die Rowohlt Verlage haben sich zu einer nachhaltigen Buch-
produktion verpflichtet. Gemeinsam mit unseren Partnern
und Lieferanten setzen wir uns für eine klimaneutrale Buch-
produktion ein, die den Erwerb von Klimazertifikaten zur
Kompensation des CO_2-Ausstoßes einschließt.
www.klimaneutralerverlag.de

MIX
Papier aus verantwor-
tungsvollen Quellen
FSC
www.fsc.org   FSC® C014496

■ ■ ■

Für meinen Opa,
der einer der wichtigsten Menschen in meinem Leben ist
und ohne den ich heute nicht der wäre, der ich bin,
und für die Pflege,
weil sie eine der schönsten Tätigkeiten ist, die man sich
vorstellen und die man erleben kann. Sie hat mich zu einer
wirklich sozialen Persönlichkeit gemacht.

INHALT

■ ■ ■

ALTENPFLEGE?
EIN STARKES STÜCK!

■ ■ ■

Wenn heute von Pflege, speziell von Altenpflege, die Rede ist, dann immer als Problem: zu viele Alte, zu wenig Personal, schauerliche Verhältnisse. Nie wird Altsein oder die Versorgung alter Menschen als etwas Normales, Natürliches und Schönes betrachtet, dem man auf normale und natürliche Weise begegnen sollte. Obwohl nicht nur Fachleute von demographischem Wandel sprechen und große Unternehmen jede Menge Strategien entwickeln, wie dessen Auswirkungen gemildert werden können, hat sich in der Wertschätzung alter Menschen letztlich nichts geändert. Ein Mensch wird weiterhin dann als «wertvoll» beurteilt, wenn er jung ist oder zumindest noch arbeiten kann. Als «Markt» sind auch die sogenannten Silver Ager interessant, die rüstigen Senioren mit guten Renten, die viel reisen und konsumieren und sich fotogen in der Werbung inszenieren lassen. Aber die anderen, die richtig Alten, sind unsichtbar. Ich finde das verrückt. Mit dieser Haltung blendet man doch einen sehr wichtigen Teil unseres Lebens aus. Eine Blindheit, die fatale Folgen für das Pflegesystem hat und für alle, die dort arbeiten.

Wir Altenpflegekräfte werden nicht als Fachkräfte betrachtet, die ihrer Berufung folgen, sondern als Leute, die etwas tun, was sich im Grunde nicht lohnt, was primitiv ist. Was mit Verfall und Verwirrung zu tun hat. Da kann ich jedem Schlauberger nur sagen: Was glauben Sie denn, was mal mit Ihnen geschehen wird? Erwarten Sie nicht, dass Sie auch alt werden? Dann tut's mir leid.

Alt sein heißt im Übrigen nicht automatisch, dass man verwirrt und hinfällig ist und «ins Heim muss» – wir Profis sagen, nebenbei bemerkt, «Pflegeeinrichtung», nicht Heim, aber der Volksmund bleibt bei dem alten Begriff, deshalb verwende ich ihn hier auch immer mal wieder, vor allem, wenn ich etwas aus der Sicht der Laien erörtere. Die meisten, die Versorgung nötig haben, leben zu Hause. Sie werden von ihren Angehörigen gepflegt oder von ambulanten Diensten unterstützt. Laut dem Statistischen Bundesamt gab es Ende 2017 insgesamt 3,4 Millionen Pflegebedürftige. Davon wurden 2,59 Millionen zu Hause versorgt (76 Prozent), 1,76 Millionen von Angehörigen, teilweise mit Hilfe von Pflegediensten. Rund 818 000 Menschen lebten in Einrichtungen für Altenpflege, wo sich 764 600 Beschäftigte um sie kümmerten. Ich habe es mal ausgerechnet: 764 600 Beschäftigte × 24 Stunden × 365 Tage. Das sind knapp sieben Milliarden Stunden im Jahr! Wir – Pfleger, Fachkräfte, Assistenten, Betreuer, Köche, Verwaltungsangestellte, Ehrenamtliche, Reinigungskräfte, Praktikanten, Azubis usw. – stehen dafür ein, dass alte, eingeschränkte Menschen in den Ein-

richtungen das ganze Jahr über gut versorgt ihren Lebensabend verbringen können.

Wir sind viele, und wir tun etwas Gutes – unter Bedingungen, die teilweise haarsträubend sind, eben weil unsere Arbeit nicht geschätzt wird. Das sollten wir uns nicht
bieten lassen. Keiner von uns sollte sich damit abfinden.
Die Pflegebedürftigen nicht, die Angehörigen nicht und
wir Pflegekräfte am wenigsten.

Ich bin 29 Jahre alt, Blogger, Facebooker, unter dem
Namen Sandro Pé Influencer – und Altenpflegefachkraft.
Nur wegen meines Berufs habe ich die Sache mit den sozialen Medien überhaupt angefangen. Weil es mir einfach
wahnsinnig auf die Nerven geht, dass die Pflege, speziell
die Altenpflege, so einen schlechten Ruf hat. Dass wir Pflegekräfte unter schwierigsten Bedingungen arbeiten, dass
wir zu wenig Geld bekommen und aus unserem Pflicht-
gefühl den alten Menschen gegenüber diese Missstände
im Grunde noch unterstützen und nicht einfach die
Brocken hinschmeißen. Für diesen Einsatz erhalten wir
dann keineswegs die Anerkennung, die wir verdienen,
ganz im Gegenteil: «Wie, du arbeitest in der Altenpflege?
Als Mann …?» Das habe ich mir x-mal anhören müssen,
von den unterschiedlichsten Menschen, keineswegs nur
von eingefleischten Machos. Auch jüngere Leute stecken
in dem Klischee fest, dass Pflege ein Beruf für Frauen ist,
denen diese Art von Dienen oder Dienstleistung nun mal
in die Wiege gelegt worden sei. Für einen echten Mann
seien andere Aufgaben doch viel interessanter.

Nein, das sind sie nicht, jedenfalls nicht unbedingt. Altenpflege ist der schönste Beruf, den ich mir vorstellen kann. Er fordert Herz, Verstand und körperlichen Einsatz. Und das, was man gibt, bekommt man von den alten Menschen hundertfach zurück. Es ist nicht der Hauptzweck der Altenpflege, die Menschen sauber zu halten und satt zu bekommen. Die sogenannte Grundversorgung stellt nur einen winzigen Ausschnitt unserer Arbeit dar. Vielmehr wollen wir die älteren Menschen in ihren letzten Jahren begleiten. Wir bieten ihnen ein Zuhause, das nicht nur ein Dach über dem Kopf bedeutet, sondern Unterstützung in jeder nur möglichen Hinsicht.

Wir helfen denen, die sich nicht mehr allein im Bett umdrehen können, wir reichen Essen an, wenn jemand aufgrund seiner Demenz nicht mehr weiß, was er mit einer Mahlzeit anfangen soll. Wir kümmern uns um alle möglichen medizinischen Probleme, verabreichen Medikamente und sorgen uns um die Hygiene. Ja, wir säubern auch diejenigen, die ihren Stuhlgang nicht mehr unter Kontrolle haben. Aber: Wir sind keine Arschabputzer, wie mancher draußen meint. Denn unsere Hauptarbeit ist eine ganz andere. Wir lassen Menschen nicht allein, nur weil sie alt sind. Wir würdigen ihr Leben. Wir interessieren uns für sie. Wir bieten ihnen etwas jenseits von Aktivitäten wie Singen oder gemeinsame Gymnastik: ein offenes Ohr, eine menschliche Beziehung, Zuneigung und Respekt.

Genau diese Arbeit bereichert uns persönlich. Die Verbindung zu einem Menschen, der uns etwas Besonderes zurückgibt, seine ganz eigene, unnachahmliche Art, seine individuelle Biographie, die Gefühle eines Menschen, der in seiner Demenz vielleicht kaum noch sprechen kann, und den man doch versteht – das sind die Erlebnisse und Empfindungen, die unseren Beruf so wertvoll machen. Sie sind es auch, die die Lebensqualität der Betroffenen bestimmen.

Doch wir haben ein Problem: Die Arbeitsbedingungen erlauben es uns nicht, unserem eigenen Anspruch gerecht zu werden. Wir schaffen oft nicht das, wofür wir eigentlich da sind. Weil die Abteilungen häufig chronisch unterbesetzt sind, weil wir die absurdesten Dokumentationspflichten erfüllen müssen, weil wir ganz einfach erschöpft sind. Und am Ende des Monats als Pflegefachkraft mit vielleicht 2600 Euro nach Hause gehen. Brutto natürlich. Klar, wer noch Weiterbildungen oder ein Studium aufweisen kann oder schon viel Erfahrung hat, der verdient mehr. Aber selbst ein ungelernter Mitarbeiter im Geldtransportgewerbe hat Anspruch auf einen höheren tariflichen Mindestlohn, nämlich auf bis zu 17,25 Euro pro Stunde. In der Pflegebranche sind es 11,05 Euro im Westen, im Osten 10,55 Euro.[1] Der interne Mindestlohn, den der Discounter Lidl für seine Mitarbeiter festgesetzt hat, liegt übrigens bei 12,50 die Stunde.[2] Doch es geht uns nicht in erster Linie ums Gehalt, sondern um die Bedingungen, unter denen wir arbeiten. Die müssen sich ändern! Und zwar ziemlich schnell, sonst bricht das ganze System zusammen.

Stichwort demographischer Wandel: Die Zahl der alten Menschen nimmt zu, sie leben außerdem dank des medizinischen Fortschritts immer länger. Das heißt, der Bedarf an Heimplätzen steigt. Das ist der eine Faktor. Der andere: Die 764 600 Beschäftigten in den Pflegeeinrichtungen sind genauso vom demographischen Wandel betroffen. 42 Prozent von ihnen – also fast die Hälfte – sind 50 Jahre und älter. Da muss man nicht Mathematik studiert haben, um zu erkennen, dass bald viele Arbeitskräfte die Pflege verlassen werden, wodurch die Versorgung mittelfristig massiv bedroht ist.

Was also tun? Ein Patentrezept habe ich nicht, das hat keiner, und das gibt es auch nicht. Allerdings kann man an vielen Stellschrauben drehen und einiges verbessern. Die Politik verfolgt vielleicht das richtige Ziel, aber mir scheint, dass sie mit all ihren Reformen mehr Schaden anrichtet als Gutes bewirkt. Viele Gesetze gehen am Alltag der Pflege vollkommen vorbei. Ich empfehle jedem, der an der Ausarbeitung dieser Gesetze beteiligt ist, erst einmal ein Praktikum in der Pflege zu absolvieren, mindestens vier Wochen lang. Danach sieht er manches bestimmt anders. Die Praxis oder auch nur der persönliche Einblick in die Altenpflege fehlt den meisten, die darüber reden, seien es Entscheider oder Angehörige oder sonst wer. Das zu ändern und den Menschen die Augen zu öffnen, das sehe ich als meine Aufgabe an. Deshalb veröffentliche ich Beiträge auf verschiedenen Social-Media-Kanälen, trete in Talkshows auf, stelle mich auf Fachmessen oder Tagungen zur Verfügung und beschreibe eben hier in diesem Buch, wie gute Altenpflege für mich aussieht.

Enthüllungen? Ja, aber nicht nur die negativen, nicht nur die Missstände, die ich erlebt habe. Es geht auch um das, was ziemlich gut funktioniert, weil sich die Profis für gute Altenpflege einsetzen. Ich will möglichst viele Menschen erreichen und ihnen ein Bild davon vermitteln, was Altenpflege heute ist und was sie in Zukunft sein könnte. Wobei ich gleich sagen muss: Ich liefere kein einheitliches großes Bild, denn das gibt es genauso wenig wie ein Patentrezept. Pflege ist extrem vielfältig, und auch wenn die Standards dasselbe Niveau haben müssen, ist Pflege individuell. Es geht hier eben nicht um ein Industrieprodukt, was man relativ leicht normieren kann. Es geht um Menschen. Um Menschen, die gepflegt werden. Um Menschen, die pflegen. Um Menschen, die für andere entscheiden müssen, wann ein Heimaufenthalt sinnvoll ist.

Mit vielen kleinen Bildern und Schlaglichtern aus meiner eigenen Erfahrung will ich zeigen, was mich motiviert hat, in die Altenpflege zu gehen, und was viele meiner Kolleginnen und Kollegen bewegt, die sich tagaus, tagein für die ihnen Anvertrauten einsetzen. Ich erzähle, was Sache ist, wie ich meine Arbeit auffasse und erlebe, ich berichte komische Dinge, berührende Erlebnisse und Missstände, bei denen man die Hände überm Kopf zusammenschlägt. Und natürlich gebe ich auch ein paar Hintergrundinformationen und Zahlen. Denn welcher Laie weiß schon, was für Dimensionen das Ganze eigentlich hat?

Ich will, dass sich die Altenpflege und das Bild, das in der Gesellschaft davon herrscht, ändern. Die würdevolle

Versorgung alter Menschen geht uns alle an! Man kann den schwarzen Peter nicht allein den Politikern zuschieben. Wir sitzen alle in einem Boot. Jeder Einzelne muss sich mit dem Thema befassen: Menschen jedes Alters, Angehörige, Betroffene, Pflegekräfte. Die einen müssen sich darüber klar werden, dass auch sie alt werden und dass Alter weder einen Makel noch einen Defekt darstellt. Sie müssen akzeptieren, dass sie möglicherweise irgendwann auf Hilfe angewiesen sind. Gute, professionelle Hilfe hat ihren Preis, und der muss gezahlt werden, damit die Verhältnisse für alle Beteiligten nicht nur erträglich sind, sondern wirklich angenehm. Manche unserer Nachbarländer schaffen das schon. Warum sollten wir das nicht auch hinkriegen? Die anderen, also wir Pflegekräfte, müssen mehr Selbstbewusstsein entwickeln. Wir müssen uns unseres Wertes bewusst werden. Dann können wir auch die entsprechenden Forderungen vertreten: mehr Geld für Personal sowie Anerkennung und Respekt.

Ich sehe an den Reaktionen auf meiner Facebook-Seite, auf Instagram oder meinem Blog, wie wichtig es für meine Kolleginnen und Kollegen ist, gefragt und gehört zu werden. Wie satt sie es haben, dass sich nichts ändert – oder wenn, dann womöglich noch zum Schlechteren. Wir lieben unseren Beruf und wollen den Nachwuchs davon überzeugen, dass es sich lohnt, Altenpflegekraft zu werden. Und deswegen muss sich etwas ändern, besser gesagt: Wir alle müssen etwas ändern, und zwar jetzt!

WIR SIND KEINE ARSCHABPUTZER!

■ ■ ■

Warum bin ich Altenpfleger geworden? Wer die ganz klassische Antwort erwartet, hat recht: Ich wollte «was mit Menschen machen». So weit, so allgemein. Genauere Vorstellungen hatte ich nicht. Ich war auf der Hauptschule, hatte meinen Abschluss geschafft und wusste nur, dass ich nicht in die Verwaltung oder in eine Werkstatt wollte. Da übt man sicher auch ehrenwerte Berufe aus, aber für mich wäre das nichts. Ich mag einfach Menschen, bekomme schnell einen guten Draht zu ihnen und kümmere mich gern um sie. Doch wie macht man daraus einen Beruf? Ich musste mir erst mal einen Überblick verschaffen und absolvierte das erste Schuljahr an der Berufsfachschule für Gesundheit und Pflege. Da erhält man in einem Rundumschlag Kenntnisse in Biologie, Medizin, Wirtschaft und Gemeinschaftskunde.

Um das Ganze praktischer zu gestalten, meldete ich mich zu einem Schnupperpraktikum im Seniorenheim meines Wohnorts. Ehrlich gesagt: Ich hatte null Ahnung von der Arbeit mit alten Menschen. Ich war total naiv und stellte mir das ganz locker vor – in erster Linie würde ich wohl mit den Bewohnern spazieren gehen und «Mensch ärgere Dich nicht» spielen. So war es natürlich nicht, aber ich fand mich schnell zurecht. Auch wenn meine Pläne noch nicht ganz ausgegoren waren, wurde mir recht bald klar, dass die Altenpflege mein Ding war. Schon krass, wenn ich jetzt zurückblicke und mich selbst sehe: ein 17-jähriger Bushido-Fan in schwarzer, sündhaft teurer Bomberjacke von Alpa Gun, Haare hochgestylt und überwiegend mit Coolsein beschäftigt. Außerdem nahm ich es mit den Gesetzen nicht immer ganz genau und wollte als große Nummer gelten, Hauptsache, alle fänden mich super und blickten zu mir auf. Heute würde ich sagen, ich war ein jugendlicher Vollidiot. Und so einer entdeckt die Altenpflege für sich!

Doch es lag noch einiges vor mir, bis ich mich wirklich Pflegefachkraft nennen durfte. Die erste Station bestand in einem Jahrespraktikum, das für mich verpflichtend war, weil ich nur den Hauptschulabschluss nachweisen konnte. Erst nach diesem sogenannten Vorpraktikum darf man als Hauptschulabgänger die einjährige Ausbildung zum Altenpflegehelfer absolvieren, an die man dann noch mal zwei Jahre dranhängen kann, um vom examinierten Pflegehelfer zur Pflegefachkraft beziehungsweise zum Altenpfleger aufzusteigen.

Während des Praktikums ist man knapp bei Kasse. Man bekommt kein Gehalt, sondern lediglich ein kleines Taschengeld, anfangs sind es 250 Euro pro Monat, ab dem zweiten Halbjahr 300 Euro. Dass man während dieses

Praktikums nicht nur einfach mit den alten Hasen mit-
läuft und sich anschaut, was die machen, sondern gleich
voll eingesetzt wird – dazu komme ich noch. Jedenfalls
habe ich es geschafft, alle Prüfungen bestanden und war
nach vier Jahren examinierte Fachkraft für die Altenpflege. Darauf war und bin ich sehr stolz. Ich habe es noch
keine Sekunde bereut, diesen Beruf ergriffen zu haben.
Auch wenn ich finde, dass sich eine Menge ändern muss.
Aber das sind die Rahmenbedingungen, das ist nicht der
Kern der Sache.

Pfleger zu sein ist anders, als es sich die meisten vorstellen. Ich habe gefühlt schon tausendmal gesagt, dass wir
nicht nur damit beschäftigt sind, inkontinente Menschen
zu waschen und sie «trockenzulegen». Trotzdem denken
die meisten Leute sofort daran, wenn von Altenpflege die
Rede ist. Dabei ist das andere doch viel wichtiger – die persönliche Begegnung mit dem Menschen. Dass ich ahne,
was er mir mitteilen will, dass ich seine Bedürfnisse er-
kenne und möglichst auch erfülle. Je nach Bedarf bin ich
Modeberater, Seelsorger, Tagesbegleiter, junger oder alter
Freund, Sterbebegleiter, Vorleser, Handtaschenfinder,
Sänger, Erzähler, Spaßmacher, Tränentrockner, Streit-
schlichter, Aufheiterer, Tröster, Wertschätzer, Vorunter-
sucher, der dem Arzt bei seinem Besuch Informationen
und Empfehlungen für seine Verordnungen liefert,
Wundheiler, leibhaftige Erscheinung des Kriegskamera-
den, des Sohnes oder des Ehemanns und noch hundert-
tausend anderes mehr.

Dass viele Leute total falsche Vorstellungen von einem Pflegeheim haben, kann ich in gewisser Hinsicht sogar noch nachvollziehen – obwohl es nicht sein müsste. Sie beschäftigen sich eben nicht damit, solange es nicht unbedingt notwendig ist. Deshalb halten uns auch eine Menge Leute für nichts anderes als Arschabputzer. Tut mir leid, der Ausdruck ist deftig, aber so wird er mir und meinen Kolleginnen und Kollegen nun mal häufig serviert. Als ich das erste Mal damit konfrontiert wurde, war ich gekränkt, wütend und verletzt. Ich fühlte mich total missverstanden und erniedrigt. Das Herzblut, das ich in den täglichen Umgang und in die Beziehungen mit den alten Menschen stecke, die Fachkenntnisse, die ich mir dafür angeeignet habe – all das wird reduziert auf «Arschabputzer».

Ich halte diese Bezeichnung immer noch für eine Unverschämtheit, doch mittlerweile rege ich mich nicht mehr so auf wie früher, sondern ich drehe den Spieß um. Ich frage alle, die so ein Wort oder vielleicht auch einen etwas milderen, aber dennoch respektlosen Begriff verwenden: Welche Idee vom Menschsein haben Sie, der Sie mich für einen Arschabwischer halten? Glauben Sie, dass man ab dem Alter von 75 oder 85 Jahren kein vollwertiger Mensch mehr ist? Weil man vielleicht bei seinen alltäglichen Verrichtungen auf Hilfe angewiesen ist? Dass man kein Herz und keine Seele mehr hat, weil es Probleme mit dem Stuhlgang gibt? Denn solche verqueren Ideen müssen ja dahinterstecken, wenn unsere Arbeit derart abqualifiziert wird. Wenn so getan wird, als ob wir uns mit etwas Ekligem beschäftigen. Das geht schließlich nicht nur gegen uns, sondern auch und vor allem gegen die alten Menschen. Ist doch nicht so gemeint? Mag sein, aber ganz sicher bin ich mir nicht.

Es ist gesellschaftlich falsch, die alten Menschen nicht zu ehren. Und es ist auch für jeden Einzelnen falsch. Vielleicht findet es manch einer komisch, aber: Ich bin erst richtig Mensch geworden, als ich in die Pflege ging. Den alten Menschen verdanke ich am meisten. Ich bin enorm gewachsen – nur durch die Begegnung mit ihnen. Es ist ein Geben und Nehmen. Und es ist etwas ganz Natürliches. «Ehret die Alten, denn sie sind, was ihr werdet. Und sie waren, was ihr seid.» Das habe ich auf meiner Facebook-Seite gepostet und enormen Zuspruch bekommen, natürlich überwiegend von Kolleginnen und Kollegen. Die meisten, die sich mit Grausen abwenden, wenn sie nur das Wort «Alter» hören, vergessen, dass das nichts Fremdes ist, sondern der Lauf des Lebens. Auch der Lauf ihres Lebens.

Man muss nicht unbedingt Altenpfleger werden, um sich das klarzumachen. Aber man sollte öfter daran denken. Ich würde sagen, dass mir die alten Menschen mehr geben als ich ihnen. Immer wieder bemerke ich, wie aufmerksam sie sind, sie spüren sofort, wenn irgendetwas los ist. «Sandro, hast du Liebeskummer? Du siehst so traurig aus.» Wenn ich ihnen dann erzähle, was mich plagt – Geldsorgen, familiäre Probleme oder anderes –, trösten sie mich oder geben mir aus der Fülle ihrer Erfahrungen wirklich gute Ratschläge. Ihre Biographien, ihre Haltung, ihr Humor, die Kraft, die Seelenstärke, natürlich auch das Meckern, die Unzufriedenheit und die Angst – wo komme ich dem Leben mit all seinen Facetten denn schon so nahe wie hier?

DAS IST MEIN TAG

■ ■ ■

Damit der Laie besser versteht, wie der Alltag einer Pflegekraft aussieht, beschreibe ich hier einen typischen Tag. Je nach Einrichtung kann er auch anders ablaufen, aber die wesentlichen Elemente dürften wohl überall ähnlich sein. Es gibt in der Regel drei Schichten: Nacht-, Früh- und Spätdienst. In vielen Einrichtungen übernehmen einige Pflegekräfte aus familiären oder finanziellen Gründen gern und besonders häufig den Nachtdienst. Für alle anderen sind daher die Früh- oder Spätdienste üblicher. Mir passt das sehr gut, ich habe den Nachtdienst nie gemocht.

Nehmen wir als Beispiel mal einen normalen Frühdienst. Ich stehe um 5.00 Uhr auf, fahre ohne Frühstück in die Pflegeeinrichtung im nächsten Ort und fange um 6.00 Uhr an zu arbeiten. Die Nachtdienstmitarbeiterin informiert mich darüber, ob etwas Besonderes passiert ist, ob auf irgendetwas speziell zu achten ist und Ähnliches. Wenn während ihres Dienstes genug Zeit war, hat sie schon das Abführen vorbereitet. Einige Bewohner sind auf Abführtropfen angewiesen, die ihren Stuhlgang einleiten.

Dass der für jeden Menschen lebenswichtig ist, wurde mir erst in meiner Ausbildung so richtig bewusst, vorher hielt ich ihn für einen weiter nicht beachtenswerten natürlichen Vorgang. Wenn der Nachtdienst das Abführen noch nicht vorbereiten konnte, mache ich es. Ich drucke mir die Liste derjenigen aus, die medikamentöse Hilfe für den Stuhlgang benötigen. Auf meinem Medizinwagen stelle ich die jeweils verordneten Tropfen bereit. Das muss zeitlich genau passen, denn wenn die Abführrtropfen zu lange stehen, verlieren sie ihre Wirksamkeit.

Gelegentlich muss einem Bewohner Morphin gespritzt werden, dafür ziehe ich die Spritzen auf, die ich ebenfalls auf den Wagen lege, neben die Insulin-Pens und Blutzuckermessgeräte für die insulinpflichtigen Bewohner sowie die Thrombosespritzen. Ich schaue nach, ob alle Geräte, mit denen die sogenannten Vitalzeichen gemessen werden, also zum Beispiel Blutdruckmessgerät und Fieberthermometer, an ihrem Platz auf dem Wagen liegen.

Auf meiner Station leben rund 35 Bewohner, die zwischen 72 und 96 Jahre alt sind. Die Hälfte ist demenziell erkrankt, in unterschiedlich fortgeschrittenem Stadium. Zwei von ihnen sind weitgehend bettlägerig und werden, wenn ihr Zustand es zulässt, dreimal pro Woche mobilisiert.

Jeder Pflegehelfer muss ca. zehn Bewohner versorgen. Ich bin heute mit drei Pflegehelfern und einem Praktikanten im Dienst. Ich gehe die Zimmer der Reihe nach durch, dabei muss ich die beiden bettlägerigen Bewohner pflegerisch versorgen sowie einige, die weniger Unterstützung benötigen. Im Wesentlichen stehen bei den meisten Bewohnern dieselben Aufgaben an, dennoch gestalten sie sich ganz unterschiedlich, je nach Mensch. Rechnerisch stehen mir für jeden Bewohner ca. 15 Minuten zur Verfügung. Bereits in meinem Praktikum lernte ich, dass man sich die Zeiten aufteilen muss. Ich war beispielsweise bei der Körperpflege ultralangsam, weil ich jeden von Kopf bis Fuß sehr gründlich mit einem Waschlappen wusch. Eine Kollegin erklärte mir schließlich, dass das gar nicht nötig sei, wenn nichts Besonderes vorliege, ein Bewohner sich etwa eingestuhlt habe. Man konzentriert sich, vor allem wenn die Bewohner bereits am Tag zuvor geduscht wurden, auf das Wichtigste, wozu beispielsweise die Intimpflege und die Mundhygiene gehören. So hat man dann mehr Zeit für die besonderen Fälle.

Zimmer 201: Die Dame ist demenziell erkrankt und kann daher die Tageszeiten nicht erfassen. Es ist wichtig, dass ich ihr bei der Orientierung helfe. Also mache ich in meiner Ansprache deutlich, dass es früh am Morgen ist und das Frühstück bald auf dem Tisch steht. Ich frage sie, wie es ihr geht, ob sie eine gute Nacht hatte, und stimme sie auf den Tag ein. Ich habe bereits eine Beziehung zu ihr aufgebaut und weiß, wie sie auf manche Dinge reagiert. Das muss ich bei jedem Bewohner individuell herausfinden – den richtigen Schlüssel für das Schloss finden, wie ich immer sage. Bis ich damit Erfolg habe, kann es auch schon mal passieren, dass ich beleidigt oder geschlagen werde, wenn der Bewohner sich nicht richtig verstanden fühlt.

Späßchen machen – das tun wir bei jeder Gelegenheit. Wenn es irgend möglich ist, lächeln und lachen wir zusammen. Das ist unsere gemeinsame Sprache, die versteht jeder. Häufig spreche ich auch ein Thema an, von dem ich weiß, dass es den jeweiligen Bewohner bewegt. Bei dieser Dame gibt es verschiedene Dinge, die in Frage kommen, etwa die große Trockenheit, unter der die Pflanzen leiden. Sie hat mir oft von ihrem früheren Garten erzählt. Bei anderen ist es nur ein einziges Thema, und wir führen jeden Tag exakt dasselbe Gespräch. Mancher erzählt mir täglich, dass sich die Weltlage verschlechtert, weil sich keiner mehr um Politik kümmert. Egal, was ich zu hören bekomme: Ich tue natürlich immer so, als würde ich Neuigkeiten erfahren, gebe mich erstaunt oder begeistert, je nachdem. Mir machen diese täglichen Wiederholungen nichts aus, im Gegenteil, ich freue mich, wenn ich sehe, wie der Mensch aufblüht – und ich gleich mit.

Die Bewohnerin von Zimmer 201 kann noch selbständig auf die Toilette gehen, ich muss sie allerdings regelmäßig daran erinnern, sonst vergisst sie es. Morgens fühlt sie sich immer ein bisschen unsicher, daher begleite ich sie ins Bad und achte darauf, dass sie sich richtig auskleidet und hinsetzt. Sie redet laut vor sich hin, dass «es» jetzt kommt, und ich kann es auch hören, wenn sie ihren Stuhlgang erledigt hat. Danach leite ich sie beim Waschen und Zähneputzen an. Ihre motorischen Fähigkeiten sind gut, daher braucht sie nicht mehr Hilfe, als dass ich scheinbar nebenbei jeden Schritt, der folgt, voraussage, ohne daraus Anweisungen zu machen. So gewinnt sie den Eindruck, noch sehr viel selbst bewältigen zu können. Das stärkt ihr Selbstbewusstsein und ihre Sicherheit. Auf dem Weg zur Toilette hatte ich sie gefragt, welche Sachen sie heute anziehen möchte, die hole ich nun aus dem Schrank und unterstütze sie beim Ankleiden. Sie hilft mit, so gut sie kann, es klappt schnell.

Ich mache das Bett, ziehe ein frisches Laken auf. Im Laufe der Jahre habe ich gelernt, dass ein schön gemachtes Bett für viele, vor allem Frauen, sehr, sehr wichtig ist. Ihre Nägel müssen geschnitten werden, dafür setze ich mich auf einen Hocker ihr gegenüber an den Tisch, so entsteht sofort eine vertraute Stimmung. Sie ziert sich dennoch ein bisschen, ich muss ihr gut zureden, damit sie die Hand nicht sofort zurückzieht, wenn die Schere ihre Nägel berührt. In einem beruhigenden Tonfall erkläre ich ihr, dass eine Dame auch an ihren gut gepflegten Nägeln zu erkennen ist, die außerdem die Verletzungsgefahr senken. Nach jedem Nagel lächele ich ihr freundlich zu und zeige ihr, wie schön der Finger jetzt aussieht. Sie stimmt mir zu und erkennt den Sinn unserer Aktion, auch weil sie mir vertraut.

Vor dem Frühstück muss die Dame Medikamente nehmen, die Tabletten habe ich bereits zurechtgelegt, ein Glas Wasser steht in Reichweite. Kein Problem. Ich bringe sie in den Frühstücksraum zu ihrem Stammplatz.

Zimmer 202: Die Dame mit fortgeschrittener Demenz schläft noch tief und fest. Ich versuche vorsichtig, sie zu wecken, indem ich sanft meine Hand auf ihre Schulter lege. Ich muss es mehrmals wiederholen. Sie wird nur mühsam wach, ist verwirrt und glaubt, dass sie am Bahnhof sei und sich beeilen müsse, weil der Zug gleich abfahre. Große Beunruhigung. Ich versichere ihr, dass wir noch genügend Zeit haben, um sie in Ruhe startklar zu machen. Ich helfe ihr, sich aufzurichten und stabil auf die Bettkante zu setzen. Nachdem sie ein bisschen wacher wirkt, hebe ich sie in den Rollstuhl. Sie blickt mich aufmerksam an und sagt, dass sie sehr froh über meine Anwesenheit und Hilfe sei. Dabei hält sie meine Hand ganz fest.

Ich fahre sie ins Bad in ihrem Bewohnerzimmer. Sie bedankt sich immer wieder und betont, dass so viel Hilfe nicht selbstverständlich sei und wie sehr sie sie zu schätzen wisse. Sie meint, dass ich schöne Zähne habe, was sie gut erkennen könne, wenn ich lache. Darüber müssen wir beide lachen, ich bedanke mich für das Kompliment und revanchiere mich, in dem ich hervorhebe, wie schön ihre Augen seien. Ein wenig verlegen schaut sie mich an und erzählt, dass sie das schon sehr oft gehört habe. Im Bad an der Toilettenstange bitte ich sie, sich aufzustellen. Sie zieht sich an der Stange hoch, ich entkleide ihren Unterkörper, damit sie sich auf die Toilette setzen kann. Sie bedankt sich erneut mehrmals.

Als sie Luft lässt, entschuldigt sie sich. Sie möchte nicht, dass ich das Bad verlasse, da sie Angst hat, von der Toilette zu fallen. Nachdem sie fertig ist, leite ich sie an, ihr Gesicht und ihren Oberkörper zu waschen und abzutrocknen. Den Rücken und den unteren Körperbereich übernehme ich, da sie das allein nicht mehr schafft. Die Zahnprothese setzt sie unter Anleitung eigenständig ein. Auch ihre Haare kämmt sie selbst, möchte aber, dass ich noch mal «drübergehe», weil ich am besten wisse, was gut aussieht. Das mache ich natürlich und schließe die Morgentoilette mit dem Fazit ab, dass sie nun wunderschön den neuen Tag beginnen könne. Sie freut sich. Bestens gelaunt lässt sie sich in den Speiseraum fahren, wo sie sich nochmals mit breitem Lächeln bedankt. Weder der Bahnhof noch der Zug kamen noch mal zur Sprache. Sie genießt ihren Kaffee.

Zimmer 203: Der Bewohner ist bettlägerig und im letzten Stadium der Demenz. Er lebt schon seit über 16 Jahren in dem Pflegeheim und wird über eine Sonde ernährt. Er hatte nie eine Patientenverfügung erstellt, in der er das hätte ausschließen können. Aus der sogenannten Biographiearbeit, der intensiven Beschäftigung mit seiner Persönlichkeit, weiß ich, dass er eine künstliche Ernährung nie gewollt hätte. Lebensverlängernde Maßnahmen lehnte er als «Dahinvegetieren» ab. Sein Beispiel erinnert mich stets daran, wie wichtig es ist, eine Patientenverfügung abzuschließen, auch wenn man noch jung ist.

Der Bewohner wirkt abwesend. Er gibt ab und zu ein paar Laute von sich und zieht Arme und Beine an. Es ist bereits eine leichte Embryostellung erkennbar. Ohne meine Hilfe kann er überhaupt nichts mehr machen. Ihm wurde ein Dauerkatheter gelegt, da seine Haut durch den ausgeschiedenen Urin in der Einlage sehr schnell wund würde. Außerdem hat er ein Druckgeschwür am Steiß. Er wird stündlich von mir gedreht, da er sich sonst weiter wundliegen würde. Ich führe die Grundpflege durch, spreche währenddessen leise mit ihm, natürlich ohne eine Antwort zu bekommen.

Zimmer 204: Die Bewohnerin ist aufgrund einer Polyneuropathie, also einer Schädigung von peripheren Nerven etwa an Armen und Beinen, sowie der altersbedingten Körpereinschränkung bettlägerig. Sie ist vollkommen bei Bewusstsein und in allen Bereichen orientiert. Mobilisiert wird sie nur, wenn sie es selbst wünscht. Während der Körperpflege unterhalten wir uns über die Gesellschaft von heute und ihr früheres Leben. Sie erzählt, dass sie im Laufe der Jahre schon sehr viele Menschen verloren hat, die ihr nahestanden. Eine traurige Stimmung macht sich im Zimmer breit. Ich versuche, sie aufzuheitern, und erzähle ihr, wie ich mir mein Altwerden vorstelle. Ich übertreibe manches ein bisschen und erwäge auch vollkommen phantastische Dinge. Sie amüsiert sich königlich darüber.

Ich erzähle ihr viel aus meinem Privatleben, weil sie alles Mögliche wissen will und ich kein Problem habe, darüber zu sprechen. Es scheint ihr sehr gutzutun. Ich habe das Gefühl, dass sie so aus ihrem «Gefängnis im Körper», wie sie es immer nennt, ausbrechen kann. Mir ist bewusst, dass manche das als unprofessionelles Verhalten verurteilen würden. Ich sehe das anders. Für mich ist es professionell, mit Gefühlen umgehen zu können und auch von seinem eigenen Leben zu erzählen. Schließlich weiß ich auch sehr, sehr viel über die Menschen, die ich betreue. So entsteht eine Vertrautheit.

Jetzt sind alle Bewohner der Station, die sitzen können, im Frühstücksraum. Die Pflegehelfer teilen das Essen aus, das von einer Küchenkraft zubereitet wurde – individuell abgestimmt für jeden Bewohner. Die Wünsche und Bedürfnisse sowie Abneigungen werden berücksichtigt, dabei wird auch darauf geachtet, ob die Mahlzeit in normaler Form eingenommen werden kann oder passiert werden muss. In manchen Einrichtungen ist das eine Zusatzaufgabe für die Pflegekräfte. Hier wird alles fertig angerichtet in großen Wagen aus der Küche gefahren. Ich gebe jedem am Tisch seine Medikamente. Von den etwa fünfzehn Bewohnern im Speiseraum kommen drei oder vier ganz gut allein zurecht, die anderen benötigen Unterstützung. Frau A, die Tochter einer Bewohnerin, ist gekommen und hilft ihrer Mutter. Um sie brauche ich mich also nicht zu kümmern. Ich muss aufpassen, dass alle genug essen und vor allem trinken, auch diejenigen, die später an den Tisch kommen oder auf ihren Zimmern bleiben. Ältere, demenziell erkrankte Menschen sind leicht austrocknungsgefährdet, weil sie nicht mehr gut schlucken können oder schlichtweg vergessen zu trinken. Diejenigen, die noch orientierter sind, trinken manchmal absichtlich wenig. Wenn ich sie animieren will, höre ich oft den Satz:

«Ich trinke nicht so viel, sonst muss ich zu oft aufs Klo.» Ich spreche so viel wie möglich mit den Bewohnern, so individuell, wie es eben geht. Ich versuche, sie zu Reaktionen zu animieren und auch miteinander ins Gespräch zu bringen. Wenn alle fertig sind, räumen die Pflegehelfer den Tisch ab. Ich schaue, was sonst noch anliegt, etwa ob Verbandswechsel ärztlich verordnet sind. Das gehört zur Behandlungspflege, die nur von Pflegefachkräften durchgeführt werden darf, nicht von Pflegehelfern.

Ein paar Bewohner nehmen ihre Mahlzeiten in ihrem Zimmer ein, den Herrn mit der Sondenkost hatte ich bereits versorgt. Einige Bewohner sind stark aspirationsgefährdet, können sich also leicht verschlucken. Ihnen reiche ich das Essen an, ebenso denen, die nicht mehr allein essen können.

Es folgt die Ausgabe von Medikamenten, die nicht auf nüchternen Magen genommen werden sollen, anschließend versorge ich zwei sehr aufwendig zu pflegende Menschen. Die Pflegehelfer kümmern sich nach dem Frühstück um weitere Bewohner und führen bei ihnen die Grundpflege durch. Wir unterstützen bei Toilettengängen und verabreichen nach Bedarf Zäpfchen zur Verdauungshilfe. Eine Bewohnerin benötigt einen Einlauf, ich bereite ihn vor und führe ihn durch. Ihr ist das sehr peinlich. Ich gehe auf ihre Sorgen ein und versuche, sie zu beruhigen und zu entspannen.

Ich muss aufpassen, dass ich die Bettlägerigen im vorgesehenen Intervall umlagere, damit sie sich nicht wundliegen. Die Betreuungskräfte unternehmen etwas mit den mobileren Bewohnern, gehen mit ihnen in den Garten, machen Gedächtnistraining und vieles mehr.

Häufig klingelt zwischendurch das Telefon im Dienstzimmer, montags noch häufiger als sonst. Arztpraxen rufen an oder die Apotheke, die uns beliefert. Irgendwas muss immer geklärt werden. Als Pflegefachkraft organisiere ich die Arztbesuche, bestelle die Transportscheine bei der Hausarztpraxis sowie den Transport. Ich rufe bei diversen Hausärzten an, um die Medikation abzuklären. Für bestimmte Dinge muss ich die Einwilligung der amtlich bestellten Betreuer oder der Angehörigen einholen und rufe sie an oder schicke Faxe.

Ist die Wohnbereichs- oder Pflegedienstleitung gerade nicht im Haus, organisiere ich den Dienstplan neu, falls sich jemand kurzfristig für die Folgeschicht krankgemeldet hat. Plötzlich klingelt es Alarm: Herr B aus Zimmer 212 ist gestürzt und hat eine Prellung am Kopf. Ich gehe schnell zu ihm und schaue, ob es sichtbare Verletzungen gibt, ob er bei Bewusstsein ist und warum er überhaupt gestürzt ist. Dann messe ich die Vitalzeichen, also Puls und Blutdruck. Herr B scheint sich unwohl zu fühlen. Ich bitte einen Pflegehelfer, bei ihm zu bleiben, und bestelle einen Transport ins Krankenhaus zur Kontrolle. Das Sturzprotokoll muss geschrieben werden, ich informiere außerdem die Angehörigen. Damit es nicht noch einmal zu einem Sturz kommt, lege ich entsprechende Sicherheitsmaßnahmen fest. Bei der Dienstübergabe muss ich alle Mitarbeiter, die bei der Fallbesprechung nicht dabei waren, informieren. Ihnen wird das Sturzprotokoll mit den Maßnahmen und Zielen vorgelegt. Sie müssen unterschreiben, dass sie es zur Kenntnis genommen haben.

Im Laufe des Vormittags bin ich gefühlt schon tausendmal den Gang hoch und runter gelaufen, genau beobachtet von einigen Bewohnern. Ich frage eine Dame, ob sie mit mir tanzen möchte. Sie streckt die Hände nach mir aus, und wir machen einen kurzen Tanzschritt. Einer anderen Dame werfe ich einen Luftkuss zu, den sie grinsend empfängt. Herr C, der im Rollstuhl sitzt, fährt mich absichtlich beinahe um und schimpft: «Aus dem Weg, du Arsch …!» Er macht das oft, ich kommentiere das nicht weiter. Er ist halt so, wie er ist. Frau D, die immer am Dienstzimmer steht und nach der Schwester ruft, umarme ich kurz, was sie ein bisschen beruhigt.

Seit 9.30 Uhr sind Besucher von zwei Bewohnerinnen da. Sie fragen nach Blumenvasen, Extragetränken, wo die Toilette ist, wann das Mittagessen serviert wird. Eine beschwert sich, dass die Wäsche ihrer Mutter nach drei Wochen noch immer nicht aus der Wäscherei zurück ist. Sie moniert, dass das zu lange dauere, und meistens fehlten außerdem einige Teile.

Gegen 10 Uhr aufgeregter Alarm einer Angehörigen, die ihren Vater im Rollstuhl durch den Park schieben will, aber an der hinteren Pforte über die Schwelle gestolpert ist, sodass ihr Vater aus dem Rollstuhl gerutscht ist. Wir helfen ihr, ihn wieder hineinzusetzen. Zum Glück ist nichts passiert. Er lacht sogar, weil ihn der Aufruhr um ihn herum freut. Dennoch wird der Sturz schriftlich festgehalten, wir müssen den Bewohner außerdem besonders gut im Auge behalten und schauen, ob er im Laufe des Tages über Schmerzen klagt.

Frau E, deren Demenz weit fortgeschritten ist, läuft schreiend über den Flur, sie fürchtet sich vor einem Überfall der Russen. Die Pflegehelferin und ich gehen auf ihre Angst ein und versprechen ihr, sie in Sicherheit zu bringen und auf sie aufzupassen. Auf dem Gang hat sie ihre Puppe verloren, die Kollegin sammelt sie auf und legt sie ihr in den Arm, was zur weiteren Beruhigung beiträgt. Wir bringen sie in ihr Zimmer und singen das Schlaflied «La le lu» für sie. Sie freut sich, und die Russen sind verschwunden.

Herr F hat sich im Zimmer von Frau G ins Bett gelegt, weil ihm das Muster ihrer Bettwäsche besser gefällt. Wir versuchen, Herrn F in sein eigenes Zimmer zu lenken. Da er sich öfter mal verirrt, haben wir ein Bild von ihm an die Tür gehängt. Es funktioniert im Wesentlichen gut, aber ab und zu legt er sich trotzdem in andere Betten. Das Bett von Frau G muss neu bezogen werden.

Frau H beschwert sich, dass ihr, wie schon so oft, die Hausschuhe geklaut wurden. Ich versichere ihr, dass ich alle Hebel in Bewegung setzen werde, um den Dieb zu fangen und die Hausschuhe zurückzubringen. Die Betreuungskraft «ermittelt» mit detektivischer Spürnase, wo sich die Hausschuhe befinden, und erhält zum Dank eine Tafel Schokolade. Sie sei die Beste hier im ganzen Haus, alle anderen seien zu nichts zu gebrauchen. Das sagt Frau H zu jedem.

Nächste Woche soll der Friseur zu uns kommen. Ich frage im Team nach, wer von den Bewohnern einen Haarschnitt braucht, und rufe die Angehörigen oder Betreuer an, um sie nach ihrem Einverständnis zu fragen. Der Friseurbesuch muss schließlich extra bezahlt werden. Ich organisiere die Termine und trage sie ein. Einige Bewohnerinnen haben es zwar nicht unbedingt nötig, aber ich weiß, dass sie es lieben, sich jede Woche die Haare legen zu lassen und dann mit ihren feinen Frisuren im Wohnbereich unterwegs zu sein – immer erpicht auf ein Kompliment, das sie natürlich von uns bekommen.

Der Arzt ist routinemäßig im Haus. Wir haben von allen Bewohnern die wichtigsten Informationen über den Allgemeinzustand gesammelt und Rückmeldungen zu positiven oder negativen Wirkungen von Medikamenten notiert. Manchmal etwa ist ein Beruhigungsmittel zu hoch angesetzt, wodurch der Bewohner zu sehr sediert ist. Dann besteht Sturzgefahr, außerdem kann er nicht mehr genug essen. Ich informiere den Arzt, dass Frau I weiterhin Gewicht verliert, nicht viel, aber kontinuierlich. Ich trage ihm vor, welche Rezepte wir benötigen, welche Verordnungen für Wundverband, für Rollstühle und anderes, wer Überweisungen zum Urologen, Neurologen oder einem anderen Facharzt wir brauchen. Wenn wir das Gefühl haben, dass sich ein Bewohner verabschieden will, sprechen wir die Frage der palliativen Pflege an.

Teamsitzung. Wir besprechen den anstehenden Sommerausflug mit den Bewohnern. Kollegin X braucht unbedingt außerplanmäßig einen freien Tag. Herr J bereitet uns Sorgen, er baut sehr schnell ab.

Ich beginne mit der Dokumentation. Frau D, die vorhin am Dienstzimmer stand und immer nach einer Schwester rief, sitzt in ihrem Rollstuhl neben mir und schaut erfreut zu, wie ich alle Ereignisse des Vormittags in den Rechner eingebe. Im Dokumentationsprogramm hake ich ab, was ich tatsächlich erledigt habe, sowie das, was ich vorhatte zu tun. Vieles ist zwar geplant, aber oft nicht umsetzbar. Es ist meine Dienstpflicht nachzuweisen, dass ich alles getan habe, um Fehler zu vermeiden. Ich dokumentiere sämtliche Medikamente, die ich verabreicht habe, sowie die Vorbeugemaßnahmen, die durchgeführten Behandlungs- und Körperpflegen. Ich notiere die besonderen Vorkommnisse oder ergänze Berichte beispielsweise des Nachtdienstes. Wenn die Kollegin etwa über eine Bewohnerin schrieb, dass sie über Schmerzen geklagt und ein Medikament erhalten hatte, notiere ich, dass sie tagsüber beschwerdefrei war und alles in Ordnung ist.

Über jeden Bewohner, der mir zugeteilt ist, schreibe ich mindestens in einem Satz, was er an diesem Tag getan oder wie er sich gefühlt hat. Es ist schwer, täglich für jeden etwas Individuelles zu notieren, wenn nichts Besonderes vorliegt. Die Pflegehelfer verfahren für die ihnen zugeteilten Bewohner genauso, nur die Behandlungspflege und den medizinischen Teil lassen sie aus, das ist Sache der

Fachkräfte. Ich kontrolliere, ob die Pflegehelfer alles eingetragen haben, vom Stuhlgang bis zur Trinkmenge. Oft schreiben sie in ihre Berichte, dass sie die Fachkraft über dieses oder jenes mündlich informiert haben. Das muss ich dann ausführlich darlegen.

Gute Pflegehelfer sind sehr wichtig. Ohne sie kann ich keine gute Pflegefachkraft sein. Auch die Betreuungskräfte spielen eine bedeutende Rolle.

Zwischen Tür und Angel finden oft Gespräche mit den Teams aus Haustechnik und Hauswirtschaft statt. Sie tragen entscheidend dazu bei, dass sich die Bewohner wohlfühlen. Und sie bekommen auch manches mit, das wir nicht wissen, zum Beispiel von den Angehörigen. Der Austausch zwischen uns allen ist daher von zentraler Bedeutung.

Mittagessen steht an. Der Ablauf ist ähnlich wie beim Frühstück: Toilettengänge durchführen, Medikamente vorbereiten, dann das Essen anreichen usw. Anschließend die Bewohner für den Mittagsschlaf vorbereiten.

Um 14.00 Uhr habe ich Feierabend. Irgendwann gegen 10 Uhr habe ich mal kurz eine Pause gemacht und mein Frühstücksbrot gegessen, mehrmals unterbrochen von Telefonaten und Anfragen. Mittagessen gibt es für uns Pflegekräfte generell nicht, abgesehen von den paar Löffeln, die wir während der Mittagsmahlzeit im Speiseraum mit viel Tamtam zu uns nehmen, um die Bewohner zum Essen zu motivieren. Einen Apfel habe ich noch zwischendurch gegessen. Jetzt habe ich einen Mordshunger, bin aber mit der Dokumentation nicht ganz fertig, weil auch dabei dauernd was dazwischen kam. Und wenn was passiert, passiert alles auf einmal. Eine halbe Stunde muss ich noch dranhängen.

Morgen geht's weiter.

ALS DER LIEBE GOTT
DIE PFLEGEKRAFT SCHUF

■ ■ ■

… machte er bereits den 6. Tag Überstunden.

Da erschien ein Engel und sagte: «Herr, Ihr arbeitet aber schon lange an dieser Figur.»

Der Herr antwortete: «Hast du die lange Liste von Wünschen auf der Bestellung gesehen? Sie soll als Frau und Mann lieferbar sein, wartungsfrei und leicht zu desinfizieren. Aber nicht aus Plastik. Und Nerven haben wie Drahtseile. Und einen Rücken, auf dem man alles abladen kann. Sie soll immer gut gelaunt und zufrieden sein. Sie muss dokumentieren und gleichzeitig Wegbegleiter sein. Sie muss Zeitreisen machen, ohne Zeitmaschine. Sie muss fünf Dinge zur gleichen Zeit tun können und dabei immer eine Hand frei haben.»

Da schüttelte der Engel den Kopf und sagte: «Sechs Hände, das wird kaum gehen.»

«Die Hände sind kein Problem, aber die drei Augenpaare, die schon das Standardmodell haben soll. Ein Paar, das durch alle Wände zu sehen vermag, damit kein Bewohner stürzt und ein großer Bereich von fünfzig Bewohnerzimmern überschaubar ist. Und ein zweites Paar am

43

Hinterkopf, damit die Pflegekraft sieht, was man vor ihr verbergen möchte, was sie aber unbedingt wissen muss. Und natürlich ein weiteres Augenpaar vorn, mit dem sie den Heimbewohner ansehen kann und ihm bedeutet: Ich verstehe Sie, ich bin für Sie da und spüre, was Sie möchten und wie es Ihnen geht, ohne dass Sie ein Wort sprechen.»

Der Engel zupfte ihn am Ärmel und sagte: «Geht schlafen, Herr, und macht morgen weiter.»

«Ich kann nicht», entgegnete der liebe Gott. «Ich habe es bereits geschafft, dass sie fast nie krank wird. Und wenn, dann heilt sie sich selbst. Oder man sieht es ihr gar nicht an, und sie kommt trotzdem zur Arbeit. Das Wort ‹nein› ist für sie ein Fremdwort. Sie kann begreifen, dass für 50 Bewohner oft nur fünf Pflegekräfte zur Verfügung stehen. Und wenn einer krankheitsbedingt ausfällt, zehn Bewohner aufgeteilt werden auf die Kollegen. Sie hat Freude an einem Beruf, der alles fordert, der schlecht bezahlt wird und einen nicht selten selbst krank macht. Sie kann mit Schaukelschichten leben und kommt oft mit wenigen freien Wochenenden aus, wobei sie auf alles verzichtet, was ihr lieb und wichtig ist.»

Der Engel ging langsam um das Modell herum. «Das Material ist zu weich», seufzte er.

«Aber dafür zäh», erwiderte der liebe Gott. «Du glaubst gar nicht, was es alles aushält.»

«Kann es auch denken?», fragte der Engel.

«Nicht nur denken, sondern auch Kompromisse schließen. Es besitzt empathische Kräfte, Emotionalität und

Einfühlungsvermögen auf ganzer Linie. Es denkt nicht nur für sich selbst, sondern auch für viele andere. Es hat Zweisamsgedanken.»

Schließlich beugte sich der Engel vor und fuhr mit dem Finger über das Gesicht der Figur. «Da ist ein Leck», sagte er. «Ich habe es Euch ja gesagt, Ihr versucht viel zu viel in das Modell hineinzupacken.»

«Das ist kein Leck, das ist eine Träne.»

«Wofür ist die?»

«Sie fließt bei Freude, Trauer, Enttäuschung, Schmerz, Erschöpfung und Verlassenheit», sagte der liebe Gott mit gebrochener Stimme. «Die Träne ist das Überlaufventil.»

Das ist der Text eines Videos, das ich vor ein paar Jahren auf YouTube hochgeladen habe. Ich habe ihn mir nicht ausgedacht, sondern bin zufällig in einem anderen Zusammenhang darauf gestoßen, woraufhin ich ihn auf die Pflegekraft umgeschrieben habe. Weil er genau das ausdrückt, was wir Pflegekräfte sein sollen und wollen: dienstbare Geister, die es allen recht machen und für die ihnen Anvertrauten das Richtige tun, wobei sie sich selbst nicht verlieren möchten.

WIE EINEN DAS SYSTEM SCHLUCKT

■ ■ ■

Um zu erleben, was für eine Bereicherung der Umgang mit alten Menschen – trotz aller Mühen – für einen selbst sein kann, muss man den richtigen Zugang zur Altenpflege finden. Es reicht nicht, seinen Opa oder seine Oma lieb zu haben und sich daher auch den Umgang als professionelle Pflegekraft mit fremden alten Menschen zuzutrauen. Das ist eine vollkommen andere Dimension. Deshalb ist der Beginn der Ausbildung entscheidend. Der Anfang, die ersten Aufgaben und Erlebnisse prägen enorm. Wenn man den Schülern und Praktikanten da nicht genügend Zeit gewährt, damit sie sich eingewöhnen, und sie zu schnell mit den schwierigen Situationen konfrontiert, dann wird bei vielen das Engagement in eine falsche Richtung gelenkt oder sogar ganz zerstört.

Die Anfänger sind ja noch blutjung, das vergessen die Anleitenden manchmal – oder sie glauben, dass sie darauf keine Rücksicht nehmen können, denn das Pensum muss geschafft werden, koste es, was es wolle. Dieses System schluckt einen im Nu – man macht mit, man rennt und springt, damit alles glatt läuft. Ich nehme mich da nicht aus. Jahrelang habe ich gedacht, bestimmte Dinge müssten eben so sein, das ginge gar nicht anders. Erst später erkannte ich, dass solche Abläufe nicht zwangsläufig sind, sondern Resultat schlechter Planung, ausgeprägter Profitorientierung der Betreiber oder einer mangelnden Werteorientierung der Vorgesetzten. Gerade weil ich anfangs selbst negative Erfahrungen gemacht habe, achte ich immer darauf, die Schüler, Praktikanten und Quereinsteiger gut anzuleiten sowie die Pflegehelfer dazu anzuhalten, es ebenso zu tun. Nie werfe ich die Neulinge ins kalte Wasser, denn diese Methode ist Mist. Meine eigene erste Erfahrung ist mir immer noch nahe genug, die will ich dem Nachwuchs auf jeden Fall ersparen.

Es war der erste Tag meines Jahrespraktikums, ich war 17 Jahre alt. Meine Aufgabe lautete: eine alte Dame ankleiden, die mein Kollege bereits gewaschen und abgetrocknet hatte. Kein Problem. Ich klopfte an die Tür der 80-Jährigen, wartete einen Moment und betrat dann vollkommen unbefangen das Zimmer – und da stand sie vor mir, splitterfasernackt. Ich war total schockiert. Klar, es war unwahrscheinlich, dass sie mich in Kostüm und Mantel erwarten würde, doch ich hatte vorher einfach nicht richtig über die Situation nachgedacht. Mich plagte sofort das schlechte Gewissen, hatte ich doch – ungewollt natürlich – eine totale Grenzüberschreitung begangen.

Nackt sein ist etwas ganz Spezielles. Das sitzt tief in einem drin, von Kindheit an. Wenn man nackt ist, ist man absolut schutzlos. Viele Kinder lassen sich ohne Gegenwehr nur von jemandem auszuziehen, zu dem sie großes Vertrauen hegen. Und selbst als junger Erwachsener zeigt man sich, auch bei einer gewissen Freizügigkeit, nicht so ohne weiteres nackt einem vollkommen fremden Menschen.

Es war mir total peinlich, dass ich die alte Dame so entblößt sah. Ich schämte mich fürchterlich. Es passierte gar nichts wirklich Böses, ich hatte nur keinerlei Erfahrung mit einem alten Körper, ich war überhaupt nicht auf die Falten, das Erschlaffte vorbereitet. Nicht, dass ich falsch verstanden werde: Es ist nichts Schlimmes, wenn ein Körper alt wird, es geht mir einfach um das Bild. Ich war noch nie zuvor mit einer solchen Erscheinung konfrontiert gewesen. Als junger Mensch kennt man seinen eigenen Körper, hat eventuell eine Freundin oder einen Freund – ist feste Muskeln und glatte, meist rasierte Haut gewohnt. Man geht ganz automatisch davon aus, dass ein Körper einfach so ist, der eine vielleicht schöner als der andere, aber letztlich doch irgendwie glatt und fest. Und dann dieses total andere Bild von Körperlichkeit.

Heute würde ich sagen, dass die Dame demenzerkrankt war, damals wusste ich es nicht. Sie hatte keinerlei Berührungsangst, als ich reinkam, ein fremder junger Mann, den sie nie zuvor gesehen hatte. Sie wartete einfach ab, was geschehen würde. Das war keineswegs selbstverständlich. Die Situation hätte sich auch ganz anders entwickeln können, die Dame hätte sich aufgrund ihrer Erkrankung zum Beispiel ganz besonders ängstigen können. Zum

Glück war dem nicht so. Mir war das alles viel peinlicher als ihr. Wie im Nebel habe ich gemacht, was sein musste beziehungsweise was ich glaubte, dass ich machen sollte. Alles, was wirklich wichtig ist und was ich später gelernt habe, nämlich Vertrauen aufzubauen und die Situation zu entspannen, blieb hier außen vor. Weil ich nichts davon wusste und unvorbereitet in das Zimmer geschickt wurde. Das war das prägende Erlebnis meines ersten Tages.

Ein unglücklicher Zufall oder eine Ausnahme? Nein, keineswegs. Das war ganz «normal». Denn richtig eingearbeitet wurde ich nie. Langsame Eingewöhnung? Fehlanzeige! Ich lief drei Tage mit einem erfahrenen Kollegen mit, wie man bei uns sagt. Das heißt, ich begleitete ihn auf seiner Schicht, passte genau auf, wie er was machte, und ging ihm natürlich auch zur Hand. Das war's im Wesentlichen. Am vierten Tag erhielt ich bereits eine Liste mit den Namen der Bewohner, um die ich mich kümmern sollte, und den konkreten Aufgaben. Ich fühlte mich geschmeichelt: So hoch schätzt man mich schon ein, mir werden Menschen anvertraut, ich übernehme Verantwortung. Heute würde ich sagen, dass es grob fahrlässig war, was da geschah, eigentlich gefährlich. Einen Neuling mit demenzerkrankten Menschen allein zu lassen oder mit Menschen, die aufgrund unterschiedlichster Erkrankungen nicht mehr selbständig aufstehen konnten – da hätte so viel schiefgehen können. Im Nachhinein wird mir bei der Vorstellung regelrecht übel. Doch damals war ich stolz darauf, dass mir so viel zugetraut wurde. Auch weil ich Lob erhielt: Prima gemacht, Sandro. Die Bewohnerin sieht gut aus. Jetzt müsstest du nur noch ein bisschen Gas geben bei der Grundpflege, so viel Zeit haben wir nicht. Bisschen Tempo, bitte.

Das wusste ich schon nach wenigen Tagen: Die Zeit reicht nie. Also beschleunigte ich, so gut es ging. Ich war drin im System. So einfach rutscht man in den Ablauf einer Pflegeeinrichtung hinein. Man wird tatsächlich schneller und kann beinahe wie eine ausgebildete Kraft eingesetzt werden. Oft vertritt man auch eine Pflegekraft, damit der Dienstplan eingehalten werden kann. Nur ist das natürlich nicht richtig und auch nicht wirklich erlaubt. Welcher Anfänger ist schon so weit wie ein erfahrener Pflegehelfer oder eine Fachkraft und überblickt die verschiedensten Situationen?

Fakt ist: Man macht mit und lässt sich verheizen. Man arbeitet zwölf Tage am Stück, springt zur Not auch noch am freien Wochenende ein und schleppt sich krank zur Arbeit, statt im Bett zu bleiben. Warum habe ich das gemacht, warum ist es bis heute so in vielen, vielleicht sogar den meisten Einrichtungen? Es gibt mehrere Gründe. Einer liegt in der Persönlichkeit. Auch oder gerade als Neuling will man sich was beweisen. Man ist schließlich kein Weichei und kann immer arbeiten. Die Kolleginnen hängenlassen? Kommt nicht in Frage. Ich weiß doch, welche Probleme die haben. Die haben schon eine Menge Überstunden gemacht, kleine Kinder zu Hause usw. Wenn ich nicht einspringe, dann müssen die wieder ran.

Das kann ich doch nicht zulassen. Und man steckt noch in einer weiteren Zwickmühle: Die alten Menschen wachsen einem unheimlich schnell ans Herz. Der Umgang mit ihnen und die Hilfe für sie werden zum wichtigsten Element im eigenen Leben. Da wäre es doch reiner Egoismus, wenn ich unbedingt meinen freien Tag nehmen wollte. Also lasse ich den eben sausen.

Als junger, unerfahrener Praktikant hat man außerdem noch ziemlich seltsame Vorstellungen vom Berufsleben. Man weiß nicht, wie der Hase läuft. Ich befürchtete, dass mir die Ausbildungsstelle verwehrt würde, wenn ich schon im Praktikum «Zicken» machte. Aber natürlich ist das totaler Quatsch. Bei dem Bewerbermangel müsste man schon was ganz Schlimmes anstellen, um als Azubi abgelehnt zu werden. Doch das weiß man als naiver Neuling nicht. Man lässt sich vereinnahmen. Es geschieht ganz unmerklich, wie von selbst. Man rutscht da rein, macht mit, es geht ja scheinbar nicht anders als so, wie man es gerade erlebt.

Doch ein Anfänger ist nicht dafür da, die Welt des Altenheims zu retten. Es ist die Pflicht der Vorgesetzten und der Einrichtungsleitung, Dienstpläne zu erstellen, die funktionieren, statt die Neulinge (wie auch alle anderen Mitarbeiter) zu verheizen. Denn letztlich pflanzt sich das Verhalten fort, je weiter man aufsteigt. Als Ausgelernter will man eine gute Fachkraft sein, als Stationsleiter ist man bestrebt, dass alles reibungslos läuft, usw. So hat man im Nu 200 Überstunden angehäuft. Doch es geht auch anders. Es gibt ja eine Menge Einrichtungen, in denen ein gutes Arbeitsklima herrscht und die Dienstpläne anständig sind. Mal ganz davon abgesehen wäre es langfristig auf jeden Fall sinnvoller, den Anfängern Bedingungen zu bieten, die sie bei der Stange halten. Denn nur wenn sie bleiben, zahlt es sich aus, Zeit in sie zu investieren, sie einzuarbeiten und ihnen Wissen zu vermitteln.

Auch Marcus Rasim, Schulleiter der Berufsfachschulen für Altenpflege und Altenpflegehilfe Scheinfeld in Bayern und Trainer der Nationalmannschaft für Pflege, also wirklich ein Experte, sieht hier ein Problem. Für ihn ist die hohe Abbrecherquote bei den Auszubildenden vor allem auf die mangelhafte Einführung in den Beruf zurückzuführen. 30 Prozent der Azubis aus der Alten- und Krankenpflege, so Rasim, schließen ihre Ausbildung nicht ab, sondern verlassen das Berufsfeld.

Haben die angehenden Altenpfleger falsche Vorstellungen vom Beruf und brechen deshalb die Ausbildung ab? Rasim glaubt nicht, dass eine gravierende Realitätsferne der Grund für die vielen Abbrüche ist. «Es ist eher die Art und Weise, wie die Azubis in der Altenpflege Erfahrungen sammeln. Wie werden sie behandelt? Sind sie willkommen und geht man auf sie ein? Oder müssen sie sofort mitarbeiten wie eine gestandene Fachkraft? Bekommen sie eine gute Anleitung oder wird von ihnen erwartet, dass sie von Anfang an bestimmte Dinge erledigen? In den letzten Jahren gab es in vielen Altenheimen immer weniger Anleitung in der Praxis. Die Azubis wurden ins kalte Wasser geworfen. Mit der neuen Ausbildungsregelung, die seit Januar 2020 gilt, sollen die Praxisanleiter beziehungsweise ihre Einrichtungen mindestens zehn Prozent der Ausbildungszeit für die Anleitung der Azubis reservieren. Diese Zeit wird ihnen auch bezahlt. Ob die neue Vorschrift hilft, wird man sehen. Denn diese Regelung bedeutet, dass die Fachkräfte während der Anleitungszeit nicht für die Pflege zur Verfügung stehen. Bei dem Fachkräftemangel, den wir haben, stellt das für jede Einrichtungsleitung ein großes Dilemma dar.»

Ich bin gespannt, wie diese generalistische Ausbildung den Praxistest überstehen wird. Wirklich optimistisch bin ich nicht.

MANGELHAFT: BEZAHLUNG UND BEDINGUNGEN

■ ■ ■

Ich weiß nicht, wie es zu erklären ist, dass wir Kräfte in der Altenpflege schlechter bezahlt werden als jene in der Krankenpflege. Ich vermute, dass auch dafür die allgemeine Geringschätzung des Alters ein wichtiger Grund ist. 2017 bekamen die Fachkräfte in der Krankenpflege durchschnittlich 3337 Euro brutto im Monat, die in der Altenpflege 2774 Euro. Das ist aber nur der Durchschnitt. Je nach Bundesland kann das ganz anders aussehen. Am meisten verdiente eine Krankenpflegefachkraft im Saarland, nämlich 3596 Euro. Hätte sie dieselbe Arbeit in Mecklenburg-Vorpommern geleistet, wäre sie deutlich schlechter dran gewesen, da gab es nämlich nur 2882 Euro. Eine Altenpflegefachkraft erhielt in Baden-Württemberg 3036 Euro, in Sachsen-Anhalt nur 2136 Euro.[3]

Ob das nun an den Pflegesätzen hängt und ob man daran nicht etwas ändern sollte, ob eine Gewerkschaft für Pflegeberufe dieses Gefälle abstellen könnte – darüber kann man lange streiten. Rund 90 Prozent der Kosten eines Heims entfallen auf das Personal. Da haben Gehaltserhöhungen natürlich starke Effekte auf das Budget. Doch soll das ausgerechnet das Problem derjenigen sein, die unter den niedrigen Löhnen zu leiden haben? Müssten sich nicht andere darum kümmern? Es liegt nicht nur an der Bezahlung, dass uns so viele Pflegekräfte fehlen, aber an der eben auch.

Die Agentur für Arbeit hat ausgerechnet, dass in keinem Bundesland genügend arbeitslose Bewerber für die ausgeschriebenen Fachkräftestellen zur Verfügung stehen. 2018 kamen auf 15 300 offene Stellen knapp 3100 arbeitsuchende Fachkräfte, also ein Verhältnis von ungefähr 5:1. Wobei nicht einmal jede offene Stelle der Agentur für Arbeit gemeldet wird. Es dauerte 183 Tage, bis ein Einrichtungsbetreiber eine frei gewordene Pflegestelle neu besetzt hatte, zwölf Tage länger als 2017. Kolleginnen und Kollegen warteten also ein halbes Jahr darauf, dass das Team wieder komplett war. In der Zwischenzeit mussten sie den Ausfall kompensieren. Sie arbeiteten am Limit, physisch und psychisch.

183 Tage ist der rechnerische Durchschnitt, das heißt, in der Realität geht es manchmal schneller, manchmal dauert es aber sogar noch länger. Wie schnell eine offene Stelle besetzt werden kann, hängt von allem Möglichen ab, der Region, der Konkurrenzsituation, dem Ruf der Einrichtung usw. Immer mal wieder liest man, dass Pflegeheime wegen Personalmangels geschlossen werden müssen, 2019 zum Beispiel in Hamburg und Höxter. Die Einrichtungen können den geforderten Personalschlüssel nicht mehr erfüllen, weshalb die Heimaufsicht den Weiterbetrieb ver-

boten hat. Die vorhandenen Mitarbeiter müssen in andere Häuser wechseln, die Teams werden auseinandergerissen, die Bewohner müssen in andere Einrichtungen ziehen. Sofern sie einen Platz bekommen. Heimschließungen sind für alle Beteiligten eine traurige Angelegenheit. Aber eine schlechte, unzureichende Personalsituation ist nicht nur traurig, sondern unter Umständen auch gefährlich.

Das Gesundheitsministerium versucht schon seit Jahren, Personal aus dem Ausland zu gewinnen. Seit 2013 beispielsweise gibt es ein Projekt namens Triple Win, eine Kooperation der Bundesagentur für Arbeit und der Gesellschaft für Internationale Zusammenarbeit (GIZ). Über das Projekt sollen Pflegekräfte aus Bosnien, Serbien, Herzegowina und den Philippinen sowie demnächst auch aus Tunesien angeworben werden. Der dreifache Gewinn, den der Name des Programms suggeriert, liege darin, dass die Arbeitgeber in Deutschland qualifiziertes Personal bekommen und die in ihrer Heimat arbeitslosen Fachkräfte einen sicheren Job. Außerdem profitieren die Herkunftsländer von den Rücküberweisungen der Migranten an ihre Familien.[4] Gesundheitsminister Spahn reiste außerdem Mitte 2019 in die Republik Kosovo, mit der seit 2018 ein Kooperationsvertrag zur Ausbildung von Pflegefachkräften besteht. Im Kosovo ist die Jugendarbeitslosigkeit extrem hoch, sie liegt bei etwa 60 Prozent. Dort eine Pflegeausbildung zu absolvieren, mit der sehr sicheren Aussicht auf einen Job in Deutschland, ist also ziemlich attraktiv. Hier in Deutschland verdienen sie deutlich mehr, als wenn sie zu Hause in der Pflege arbeiten würden. Ich bin bei dem Thema Fachkräfteanwerbung im Ausland, ob aus dem Kosovo oder anderswoher, jedoch gespalten. Zum einen ist das Sprachproblem nicht zu unterschätzen, zum anderen habe ich ein mulmiges Gefühl, wenn ich daran denke, dass wir den anderen Ländern ihre Fachkräfte wegnehmen. Denn die werden auch dort zumindest mittelfristig, vielleicht sogar schon jetzt gebraucht. Die Geburtenrate in Südosteuropa ist teilweise noch niedriger als bei uns, viele junge Leute verlassen außerdem ihr Land. Das heißt, es bleiben dort immer mehr alte Menschen zurück, ohne Aussicht auf familiäre oder professionelle Versorgung.[5] Ich bin der Meinung, wir sollten uns darauf konzentrieren, hier unsere Probleme selbst zu lösen, anstatt die anderer Länder noch zu verschärfen.

Vorschläge, wie man eine bessere Personalsituation erreichen könnte, gibt es von verschiedenen Seiten. Manche sind hilfreich, andere eher nicht. Private Einrichtungsbetreiber beispielsweise fordern, dass sie mehr Freiräume bekommen müssten, um attraktivere Bedingungen bieten zu können, sei es durch Lohnzuschläge, Prämien oder Ähnliches. Wie man die Leistung von Altenpflegern im Hinblick auf Prämien messen will, weiß ich nicht. Die Träger der Sozialhilfe und die Kassen, die für die Mehrkosten am Ende aufkommen müssten, stimmen solchen Ideen aber sowieso nicht zu. Die bereits erwähnte Neuregelung der Ausbildung, die sogenannte Generalisierung, soll auch dazu beitragen, den Arbeitskräftemangel zu lindern. Man wird es sehen, aber ich bezweifle, dass das funktionieren wird.

Generell bin ich gespannt, wie es weitergeht. 2019 haben drei Bundesministerien (Arbeit, Gesundheit und Familie) ein Maßnahmenpaket vorgelegt, die «Konzertierte Aktion Pflege», das die Situation in der Pflege verbessern soll. Im Juni wurde als Teil dieses Pakets ein Gesetzentwurf für die bessere Bezahlung von Pflegekräften formuliert. Dieser sieht unter anderem vor, dass Gewerkschaften und Arbeitgeber einen Tarifvertrag für die Altenpflege aushandeln. Die Frage, wie die höheren Löhne finanziert werden sollen, wurde bisher nicht beantwortet. Weil man die Kosten nicht beziffern könne. Auf jeden Fall müsse die Finanzausstattung der Pflegeversicherung «weiter verbessert werden», wie es heißt. Von wem sie verbessert werden soll, ist allerdings nicht klar: von den Einzahlern oder aus öffentlichen Mitteln? Oder sollen etwa die Pflegeheimbewohner mehr zahlen? Die Deutsche Stiftung Patientenschutz rechnet damit, dass die höheren Löhne rund fünf Milliarden Euro an Mehrkosten bedeuten. Die Eigenanteile der Pflegeheimbewohner könnten um bis zu 400 Euro monatlich steigen, wenn es keinen Bundeszuschuss oder Geld aus der Krankenversicherung gäbe. Die Stiftung legt außerdem den Finger auf einen wunden Punkt der Lohn- beziehungsweise Finanzierungsdebatte. Sie fordert, dass man endlich aufhören solle, Pflegekräfte und Pflegebedürftige gegeneinander auszuspielen.[6] Ganz meine Meinung!!!

DAS HERZ UND DIE SEELE BERÜHREN

■ ■ ■

Wenn sich die finanziellen Bedingungen für uns verbessern, würde das vielen Pflegekräften das Leben
deutlich erleichtern und sicher auch mehr junge Leute
davon überzeugen, dass dieser Beruf ungemein berei-
chernd ist. Der Umgang mit alten Menschen ist besonders
wertvoll – man muss es erleben. Was mich persönlich am
meisten bewegt, sind die Geschichten der Menschen, ihre
Erlebnisse in der Jugend, die Erfahrungen, die sie geprägt
haben, die Fülle des Lebens. Ich finde das wahnsinnig
interessant. Jeder war mal jung, hatte Träume und Pläne,
viele Menschen geben sie auch im hohen Alter nicht auf.
Ich frage mich, wie ich sein werde, wenn ich alt bin. Ob ich
das bekommen habe, was auf meiner Wunschliste stand.
Ob ich selbst genügend dazu beigetragen habe, aus meinen Träumen Wirklichkeit werden zu lassen, und ob ich
die Träume meinen Möglichkeiten angepasst habe. Auch
das ist etwas, was man von alten Menschen lernen kann:
zu erkennen, was noch geht, und seine Lebensfreude auch
bei verminderten Fähigkeiten zu behalten.

Manchmal ist ein Mensch nicht mehr dazu in der Lage,

seine Geschichte richtig zu erzählen, weil er durch seine Demenz so eingeschränkt ist, dass er nur noch irgendwelche unzusammenhängenden Brocken von sich geben kann. Etliche sagen auch gar nichts mehr, nicht mal mehr Bruchstücke von Sätzen oder Wörtern. Anders als ein flüchtiger Blick einen vielleicht glauben lässt, darf man daraus nicht schließen, dass sie vollkommen abgestumpft oder emotionslos sind. Sie haben ein Innenleben, sie haben Wünsche und Bedürfnisse. Und gerade weil sie sich oft nicht richtig äußern können, sind wir Pflegende gefragt. Wir müssen herausbekommen, was ihnen fehlt, was ihnen Freude bereiten könnte oder was sie ängstigt. Dafür werden wir ausgebildet. Wir erlernen verschiedene Modelle des Umgangs mit Demenzerkrankten. Damit versuchen wir, im Alltag jedem Einzelnen gerecht zu werden.

Das ist das Besondere an der Pflege: Sie muss einerseits sehr professionell sein, während sie andererseits extrem persönlich ist. Wobei das im Grunde genommen kein Gegensatz ist, auch wenn immer so getan wird, als ob es einer wäre. In der Ausbildung bekommt man dauernd zu hören, dass man professionelle Distanz zu den Bewohnern wahren soll. Ich halte das wie gesagt für Blödsinn. Ich arbeite doch nicht besser mit den Menschen, wenn ich sie auf Abstand halte. Meine Überzeugung: Man muss die Gefühle an sich heranlassen und damit umgehen – das ist echte Professionalität.

«Es ist ein Unterschied, ob dich ein anderer Mensch nur wäscht und seine Arbeit tut oder ob dich ein Mensch pflegt und deine Seele berührt.» Das ist einer meiner wichtigsten Leitsätze. Ich habe ihn vor ein paar Jahren auf Facebook gepostet, weil ich meine, dass es auf genau diesen Unterschied ankommt. Das eine kann auch ein Roboter machen, das andere aber ist nur zwischen Menschen möglich, die eine Beziehung zueinander aufbauen.

Nachdem der Post online war, gab es ein paar hämische Kommentare, ich sei wohl unter die Poeten oder gar Philosophen gegangen. Das sei ja ziemlich blumig formuliert. Mag sein, aber ich bin nun mal ein gefühlvoller Mensch. Und Fakt ist: Die allermeisten Pflegerinnen und Pfleger, die sich dazu äußerten, waren sehr angetan und fühlten sich verstanden. «Genau so ist es, und genau das macht die Arbeit einfach wunderschön!» So oder so ähnlich reagierte die Mehrheit, und das zeigt: Pflege ist eine zutiefst zwischenmenschliche Angelegenheit. Das ist das Schöne und manchmal auch das Schwierige daran.

«Das Herz wird nicht dement» – so heißt ein Bestseller aus dem Jahr 2013, der vor allem den Angehörigen, aber auch vielen Pflegekräften in mancherlei Hinsicht die Augen öffnete. Die Autoren geben praktische Hinweise, wie man mit Demenzerkrankten nicht nur respekt-, sondern auch gefühlvoll umgeht. Vergesslichkeit ist das Erste, was einem zu dem Thema Demenz in den Sinn kommt. Doch unsere Erinnerung ist nicht nur an kognitive Prozesse gebunden, die bei Demenz gestört sind, sondern auch an Gefühle, an körperliche Eindrücke, Gerüche, Berührungen, Klänge, Rhythmen. Unser Gedächtnis ist hochkomplex und auch bei Menschen mit Demenz nicht in all seinen Funktionsweisen beeinträchtigt. Demenz ist daher auch eine sehr individuelle Krankheit, sie zeigt sich bei jedem in unterschiedlicher Art. Deshalb kommen manchmal die erstaunlichsten Begebenheiten zustande, wenn man sich mit den Menschen beschäftigt – wenn man ihr Herz und ihre Seele berührt.

Ideal ist natürlich, wenn nicht nur einer allein diese Haltung lebt, sondern wenn jeder im Team einer Pflegestation so denkt und handelt. Verfolgen alle gemeinsam das Ziel, wirklich zu dem Menschen vorzudringen und nicht nur seine körperliche Hülle zu versorgen, dann sind wahre Wunder möglich. Beispiel gefällig? Einmal hatten wir eine neue Bewohnerin auf der Station, die im Geronto-Stuhl lag. Das ist eine Art fahrbare Spezialliege für Menschen, die nicht mehr sitzen, geschweige denn stehen können. Diese Frau sprach nicht mehr, sie reagierte auf nichts, weder auf Ansprache noch auf irgendetwas anderes. Ihre Mimik war regelrecht eingefroren, der Blick ging durch uns hindurch, war ins Nirgendwohin gerichtet. Es schien, als nähme sie nichts um sich herum wahr. Für einen Laien sah es aus, als wäre sie nur noch ein Körper, ohne jeglichen Impuls, sich zu äußern oder zu einem anderen Menschen in Beziehung zu treten.

Auch für uns Fachkräfte war nicht zu erkennen, ob überhaupt etwas bei ihr ankam. Dennoch waren wir uns einig: Wir versuchen es. Wenn auch nur noch ein klein bisschen Persönlichkeit in ihr ist, das angesprochen werden kann, dann wollen wir das wecken. So hat jeder von uns mit ihr geredet, wenn er sie gewaschen oder ihr das Essen angereicht hat. Wir haben Witzchen gemacht, viel gelacht, Geschichten aus der Einrichtung erzählt, Namen von Familienmitgliedern genannt, Lieder vorgesungen, sie möglichst einbezogen in die größere Runde der anderen Bewohner – was immer uns einfiel.

Jeder, der schon mal zu Hause einen Menschen gepflegt hat, weiß, dass es sehr ermüdend sein kann, wenn man sich um die Aufnahme einer Beziehung bemüht, aber nie eine Reaktion erhält. Ein Laie findet es vielleicht seltsam, immer so ins «Nichts» zu sprechen. Es ist anstrengend, manchmal fällt einem einfach nichts mehr ein, selbst wenn keine geistigen Höhenflüge nötig sind. Im Team ist es leichter, die Last verteilt sich auf mehrere, aber auch für uns Profis war es eine Herausforderung, in diesem Fall unverdrossen weiterzumachen.

Mehrere Wochen der Ansprache verstrichen ohne Erfolg. Doch dann ... Eines Tages drehte diese ganz und gar in sich gekehrte Frau den Kopf zu der Kollegin, die gerade mit ihr sprach. Es war die Sensation des Tages! Eine Kopfbewegung, mehr nicht, aber wir waren alle aus dem Häuschen. Endlich ein Zeichen, dass diese Frau nicht vollkommen unerreichbar in sich zurückgezogen war. Es hatte sich eine Tür geöffnet. Sie stand natürlich erst mal nur einen klitzekleinen Spalt weit offen, aber immerhin! Ermutigt machten wir weiter, und so ging es voran, sehr, sehr langsam. Mittlerweile sitzt sie im Rollstuhl, tippelt sich in winzig kleinen Schritten voran, spricht weitgehend klar und ist – das ist das Wichtigste – mit den Menschen, mit denen sie im Heim lebt, in Beziehung getreten. Was ich sage: Herz und Seele berühren, auch wenn man zunächst nicht weiß, wie.

ZAHLEN UND SCHLÜSSEL

▦ ▦ ▦

Herz und Seele sind das eine, das andere sind die Zahlen. Noch mal zur Erinnerung: Das Statistische Bundesamt hat ermittelt, dass es in Deutschland 3,4 Millionen Pflegebedürftige gibt (Stand Ende 2017, neuere Zahlen lagen bei Redaktion noch nicht vor). 2,59 Millionen werden zu Hause versorgt, das sind 76 Prozent. 1,76 Millionen werden von Angehörigen gepflegt, teilweise unterstützt von Pflegediensten. In Pflegeeinrichtungen leben 818 000 Menschen. Davon sind rund 70 Prozent 80 Jahre oder älter und ebenfalls ca. 70 Prozent in irgendeiner Form demenziell erkrankt.[7]

Das sind die Fakten.

Aber was heißt das? Diese Zahlen werden für Berechnungen erhoben, die zur Festlegung von Pflegesätzen, Pflegeaufwand, Fachkräftebedarf, Quadratmetern usw. herangezogen werden. Ich verstehe das, schließlich muss man das Ganze irgendwie fassen und regeln. Es geht ja um viel Geld, das aufgebracht und verteilt wird. Nur ist dieses Zahlenmaterial höchstens eine scheinbar objektive Konstruktion, es ist etwas für die Akten oder die Gesetzgebung. Mit der alltäglichen Praxis hat es wenig zu tun. Schon allein die Tatsache, dass es in den einzelnen Bundesländern zig unterschiedliche Abrechnungsarten für Pflegesätze oder unterschiedliche Bauvorschriften für Pflegeeinrichtungen gibt, zeigt, dass die allgemeinen Zahlen nichts über das aussagen können, was vor Ort geschieht.

Das A und O des Heimbetriebs ist der Pflege- oder Personalschlüssel. Wie viele Fachkräfte, wie viele Helfer, wie viele Azubis, wie viele Assistenten, wie viele Betreuungskräfte usw. auf wie viele Bewohner? Es dreht sich alles um den Personalschlüssel. Grob gesagt wird damit festgelegt, wie viele Vollzeitstellen pro 100 Bewohner einer Einrichtung vorhanden sein müssen. So soll eine gute Pflege gewährleistet werden. Die Bedarfszahlen orientieren sich an den Pflegegraden (bis 2016 waren es Pflegestufen) der Bewohner. Je mehr Bewohner mit hohem Pflegegrad, desto mehr Personal ist nötig. Hört sich erst mal plausibel an. Der Laie – und auch mancher Fachmann – stutzt jedoch, wenn er hört, dass diese Quoten in den Bundesländern unterschiedlich geregelt sind. In Nordrhein-Westfalen etwa sollen sich 0,125 Pflegekräfte um einen Bewohner mit Pflegegrad 1, dem niedrigsten, kümmern. Oder andersherum: Das Verhältnis beträgt 1:8. Beim Pflegegrad 5, das ist der höchste, liegt es bei 1:2. Also eine Kraft für zwei Bewohner. In Brandenburg sieht es etwas anders aus, dort ist eine Vollzeitkraft zuständig für 1,84 Bewohner mit Pflegegrad 5. Da stellt man sich doch sofort die Frage:

Machen die alten Menschen in Nordrhein-Westfalen weniger Arbeit als die in Brandenburg? Das ist wohl kaum vorstellbar.

Das System der Berechnung ist hochkompliziert, zumal man auch noch unterscheiden muss nach Qualifikationen. In manchen Bundesländern beispielsweise werden die nichtpflegerischen Berufe ebenfalls in den Schlüssel einbezogen. Einige Länder setzen Punktwerte an, andere sogenannte Korridore. Auf jeden Fall hat jedes Bundesland seine eigenen Regeln, was zu nicht begründbaren Unterschieden im Zahlenverhältnis Pflegebedürftiger–Betreuer führt. Außerdem entsteht in systematischer Hinsicht ein Widerspruch zur bundesweiten Pflegeversicherung. Grob gesagt bedeutet es, dass zwar alle Steuerzahler in Deutschland einen bestimmten Prozentsatz ihres Einkommens in die Pflegeversicherung einzahlen, aber nicht überall dasselbe dafür bekommen.

Die Universität Bremen arbeitet im Auftrag des Bundesgesundheitsministeriums und des Ministeriums für Familie, Senioren, Frauen und Jugend daran, ein allgemeingültiges Personalbemessungsverfahren zu entwickeln. Das hätte den Vorteil, dass die fachlich nicht begründbaren Unterschiede der Schlüssel Vergangenheit wären. Nachteil könnte sein, dass das Korsett einer einheitlichen Richtlinie vielleicht zu eng wird und den einzelnen Einrichtungen zusätzliche Schwierigkeiten bereitet.[8] Bis Mitte 2020 soll ein Vorschlag vorliegen. Ich bin gespannt und hoffe, dass man einen menschenwürdigen Personalschlüssel für alle Heime entwickelt. Über den Daumen gepeilt fände ich es am besten, wenn eine Pflegekraft für fünf Bewohner zuständig wäre. Heute sind es tagsüber zehn oder mehr.

Nachts sieht es ganz anders aus, da ist eine Pflegekraft für noch viel mehr Menschen zuständig, meist für rund 50. Eine Kraft für 50 oder mehr ältere, in ihren Fähigkeiten stark eingeschränkte und häufig kranke Menschen, das muss man sich mal klarmachen. Nachtdienst ist Schwerstarbeit. Die Bewohner liegen schließlich nicht einfach in ihrem Bett und schlafen, sodass die Pflegekraft Sandmännchen spielen oder sich mit einem netten Buch ins Schwesternzimmer zurückziehen kann, bis der Frühdienst kommt. Ein Nachtdienst dauert bis zu zehn Stunden, je nach Einrichtung. Man ist zuständig für die Lagerung, das heißt das Umdrehen von Bewohnern, die nicht mehr selbst ihre Position wechseln können. So wird das Wundliegen vermieden. In der Regel muss alle drei bis vier Stunden gelagert werden, manchmal sogar jede Stunde – und es kann gut sein, dass das bei einem Drittel oder gar der Hälfte der Bewohner nötig ist.

Außerdem müssen wir uns um die Medikation kümmern, den Diabetikern Insulin verabreichen, Sonderkost zubereiten, Spätmahlzeiten anreichen, Inkontinenzmaterial wechseln, kontrollieren, ob jemand aus dem Bett gefallen ist, denjenigen helfen, die versucht haben, allein auf die Toilette zu gehen, es aber nicht geschafft haben, auf schlaflose, unruhige Bewohner positiv einwirken, zu allen laufen, die klingeln, ihre Wünsche erfüllen, Beistand für Schwerkranke und Sterbende leisten, gegebenenfalls Angehörige und Seelsorger benachrichtigen, im Notfall aktiv werden, umhergeisternde Bewohner zurückholen usw. usf. Nachtdienst ist anspruchsvoll, auch weil die Tätigkeiten in den Bewohnerzimmern in der Regel im Dunkeln oder Halbdunkeln stattfinden. Da muss man noch aufmerksamer sein als ohnehin schon. Die rund 50 Bewohner wohnen übrigens auch nicht unbedingt alle auf einer Etage. Man rennt also im Galopp hin und her und rauf und runter und versucht, alles im Auge zu behalten und zu regeln.

Wie ich bereits sagte, haben wir es außerdem nicht nur mit den Menschen zu tun, sondern auch mit der Bürokratie. Jeder noch so kleine Handgriff, jede Auffälligkeit oder auch nur Beobachtung muss selbstverständlich dokumentiert werden. Das dauert manchmal länger als die Sache selbst. Doch die eiserne Regel lautet: Was nicht dokumentiert ist, hat nicht stattgefunden. Und da wir jederzeit alles nachweisen können müssen, falls mal eine Beschwerde eingeht oder ein Fehler passiert ist, ist die Dokumentation unglaublich wichtig, beinahe wichtiger als der Dienst am Menschen selbst, wie mir scheint.

Im Frühjahr 2019 gab es ein Gerichtsverfahren gegen einen Einrichtungsbetreiber in Baden-Württemberg. In einem seiner Heime im Zollernalbkreis betrug der Personalschlüssel nachts 1:56. Die Landespersonalverordnung sieht jedoch vor, dass ein Pfleger nur für maximal

45 Bewohner zuständig sein darf, ab dem 46. muss eine weitere Kraft dazukommen. Von dieser Quote darf nur in speziellen Fällen abgewichen werden. Der Einrichtungsbetreiber hatte diese Ausnahmeoption für sich in Anspruch genommen. Er argumentierte, dass es in seinem Haus umfangreiche Tages- sowie spezielle Abendangebote gebe (soll wohl heißen, dass die Bewohner hinreichend müde werden), sodass die Nächte ruhiger abliefen und eine Kraft für 56 Bewohner vollkommen ausreiche. Wenn es nicht so traurig wäre, könnte man glatt darüber lachen. Das Verwaltungsgericht Sigmaringen ließ sich zum Glück nicht auf seine «Logik» ein und untersagte diese für meine Begriffe menschenverachtende Praxis.

Ich will damit nicht behaupten, dass eine starre Festlegung von Fachkraftquoten für den Nachtdienst ideal wäre. Eine flexible Handhabung wäre für viele Einrichtungen wahrscheinlich besser. Je nachdem, wie viele demenziell erkrankte oder sturzgefährdete Bewohner zu betreuen sind und wie sich die räumlichen Verhältnisse darstellen, kann der Bedarf höher oder niedriger ausfallen. Eine irgendwann mal in einer Verordnung vorgenommene Festlegung auf soundso viele Fachkräfte bei soundso vielen Bewohnern hilft da nicht. Wo sollen außerdem die zusätzlichen Nachtdienstler herkommen? Ab einem bestimmten Punkt muss man auf Kräfte aus dem Tagesdienst zurückgreifen, um die Nachtbesetzung zu verstärken. Den Tagesdienst will und kann aber natürlich auch keiner ausdünnen.

Wie ein Personalschlüssel im Detail ermittelt wird, ist letztlich für einen Laien nicht so bedeutend, deswegen vertiefe ich das hier nicht weiter. Man sieht aber an dem Nachtdienstbeispiel, dass der Personalschlüssel für alle Beteiligten unglaublich wichtig ist. Und ultraschwer zu bewältigen. Denn keine Einrichtungsleitung kann auf die Kommastelle genau sagen, wie viele Bewohner mit Pflegegrad 5, 4, 3 usw. sie morgen oder übermorgen zu betreuen hat. Einigen Menschen geht es schlechter, und ihr Pflegegrad verändert sich, andere sterben. Das ist nicht planbar, man kann es allenfalls hochrechnen. Außerdem will (und kann) man Angestellte ja auch nicht einfach entlassen, nur weil vorübergehend rechnerisch vielleicht 0,734 Fachkräfte oder so zu viel da sind. Jede Einrichtungsleitung ist doch froh, wenn sie gute Leute hat, und will sie auf jeden Fall behalten.

Die Leitung muss daher darauf achten, eine gute Mischung der Pflegegrade zu erzielen. Je größer der Anteil an hohen Pflegegraden, desto mehr Personal steht einem Heim zu beziehungsweise muss es aufweisen. Die sogenannten eingestreuten Kurzzeitplätze, also für Heimaufenthalte auf Zeit, tragen ebenfalls dazu bei, das Verhältnis zwischen Bewohnern und Pflegekräften im Gleichgewicht zu halten. Ein guter «Case-Mix» ist nötig, so nennen das die Wissenschaftler. Man muss davon ausgehen, dass mittelfristig immer mehr Menschen mit hohen Pflegegraden in Pflegeeinrichtungen versorgt werden, also ab Pflegegrad 3 oder 4. Es gilt der Grundsatz «ambulant vor stationär», das heißt, jeder, der sich noch halbwegs selbst versorgen kann, soll zu Hause wohnen bleiben.

Früher kam es häufiger vor, dass etwa eine ältere Witwe, die noch ganz gut allein zurechtkam, ihr Haus verkaufte und ins Heim zog. Nicht, weil sie dringend Unterstützung brauchte, sondern weil sie sich im Heim sicherer fühlte. Und vor allem, weil sie die Gesellschaft der anderen Bewohner sowie die kulturellen und sonstigen Angebote schätzte. Diese älteren, noch rüstigen Menschen werden in naher Zukunft wahrscheinlich gar nicht mehr in einer Pflegeeinrichtung anzutreffen sein, sondern tatsächlich nur diejenigen, die auf ein gehöriges Maß an Hilfe angewiesen sind. Denn die finanziellen Zuschüsse für die Betroffenen richten sich nach den Pflegegraden. Die meisten Menschen mit niedrigerem Pflegegrad werden mit den entsprechend niedrigen Zuschüssen einen stationären Aufenthalt nicht finanzieren können.

Wenn der Personalschlüssel nicht stimmt, eine Einrichtung etwa über längere Zeit die vorgeschriebenen Quoten an qualifizierten Kräften nicht erfüllt, bekommt sie Schwierigkeiten. Ich will nicht verschweigen, dass da auch gern getrickst wird, um Ärger aus dem Weg zu gehen. So kann man zum Beispiel mit der vorübergehenden Beschäftigung von Zeitarbeitern seine Quote an Fachkräften erreichen. Ganz korrekt ist das nicht. Wird das Problem mit dem Personalschlüssel nicht gelöst, müssen Stationen oder ganze Heime geschlossen werden, siehe Höxter oder Hamburg.

Die meisten Pflegekräfte arbeiten übrigens Teilzeit. Die Teilzeitquote von sozialversicherungspflichtig beschäftigten Frauen ist in allen Branchen deutlich höher als die von Männern, sie beträgt 48 im Vergleich zu 11 Prozent.[9] Die Pflegebranche ist besonders stark von Teilzeitarbeit geprägt. Ein Grund ist zum einen, dass der Job so anstrengend ist, zum anderen sind hier, wie in vielen sozialen Berufen, vor allem Frauen tätig. Die hohe Teilzeitquote in der Pflege – 56 Prozent[10] – veranlasste Gesundheitsminister Jens Spahn im Herbst 2018 zu einem Vorschlag: Die vielen Teilzeitkräfte in der Pflege sollten doch einfach drei oder vier Stunden mehr in der Woche arbeiten, so würde man schon mal einen Teil des Personalnotstands abfangen. Theoretisch eine gute Idee und betriebswirtschaftlich auf den ersten Blick auch naheliegend. Praktisch ging der Schuss allerdings leider nach hinten los. Die Pflegekräfte, die in Teilzeit arbeiten, fühlten sich diskriminiert und interpretierten Spahns Vorschlag als Vorwurf, sie sollten doch einfach ein bisschen weniger faul sein. So war es ganz bestimmt nicht gemeint, aber wenn die Stimmung derart gereizt ist und man eh schon auf dem Zahnfleisch geht, dann hat einem so was gerade noch gefehlt. Das war die persönliche Ebene.

Aber auch unter professionellen Aspekten war der Vorschlag unsinnig. Die Führungskräfte, die für die Diensteinteilung zuständig sind, schüttelten den Kopf und sahen sich wieder einmal darin bestätigt, dass die Politik keine Ahnung von den tatsächlichen Verhältnissen hat. Es liegt scheinbar auf der Hand: Wer 19 Stunden in der Woche arbeitet, schafft sicher auch 23 oder 24 Stunden. Aber darum geht es nicht. Die Teilzeitlerinnen reduzieren ihre Stundenzahl meist aus familiären Gründen, sei es, weil sie Kinder haben, zu Hause jemand gepflegt werden muss oder einfach ein großer Haushalt zu stemmen ist. Das ist das eine.

Das andere ist, dass man keinen Pflegebetrieb ausschließlich mit Vollzeitkräften aufrechterhalten kann, zumindest nicht bei den Budgets, über die die Heime verfügen. Es liegt in der Natur der Sache. Wir haben ja keinen gleichmäßig laufenden Produktionsbetrieb, sondern es gibt Stoßzeiten, beispielsweise morgens, wenn alle aus den Betten raus und versorgt werden wollen. Da benötigt man für eine Station vielleicht zwei Kräfte, allerdings nur für drei oder vier Stunden. Wenn man jedoch zwei Vollzeitkräfte einsetzt, die den ganzen Tag vor Ort bleiben, hat man in den ruhigeren Phasen eine zu viel. Die muss aber auch aus dem knappen Budget bezahlt werden. Das können die Einrichtungen sich nicht leisten. Die Lösung besteht darin, eine Vollzeitkraft einzusetzen und die Spitzenzeiten mit einer zusätzlichen Teilzeitkraft abzudecken. Deshalb werden viele Heime auch den Teilzeitlern, die vielleicht Vollzeit arbeiten wollen, keine vollen Stellen anbieten.

Die Teilzeitkräfte sind extrem wichtig in einem System, das an 7 Tagen in der Woche 24 Stunden funktionieren muss, jedoch nicht permanent mit gleicher Intensität beziehungsweise gleichmäßigem Bedarf. Verfügte man nur über Vollzeitkräfte, stünde man außerdem in null Komma nichts vor der Katastrophe, wenn sie ihren Freizeitausgleich für die Wochenend- oder Nachtdienste in Anspruch nehmen. Die Teilzeitkräfte sind die Flexibilitätsgarantie der Einrichtungen. Also, Herr Spahn, hier mein Tipp aus der Praxis: Ohne die Teilzeitler geht's nicht, die müssen bleiben, unbedingt!

IST DAS EIN DIENSTPLAN ODER
EINFACH WILLKÜR?

■ ■ ■

Wer jeden Tag von 9 bis 17 Uhr im Büro sitzt, kann sich vielleicht gar nicht vorstellen, was ein Dienstplan in der Altenpflege ist. Und auch mancher Schichtarbeiter in der Industrie vermutet vielleicht, dass wir, wie er, gleichmäßig rollierende Schichten abarbeiten. Das ist aber leider nicht der Fall. In den allermeisten Einrichtungen, die ich kenne, ist der Dienstplan ein Problem, und zwar ein riesengroßes. Weil er nichts wert ist. Kaum geschrieben, wird er schon wieder umgeworfen.

Der Dienstplan regelt die Arbeitszeiten aller Mitarbeitenden eines Hauses oder einer Etage, je nachdem, wie groß die Station ist. Er gilt meistens für einen Monat. Dem voraus geht der Vorplan. Er soll zur Mitte des Vormonats veröffentlicht werden, damit jeder Mitarbeiter sieht, wie er voraussichtlich eingeteilt sein wird, und sein Privatleben halbwegs verlässlich danach ausrichten kann. So ist es im Betriebsverfassungsgesetz geregelt.

Als Profi erkennt man auf einen Blick, ob der Plan halbwegs realistisch ist oder reine Phantasie. Es gibt die üblichen Störfaktoren, die einfach immer in einem Betrieb auftreten. Jemand meldet sich krank, einer kündigt, ein anderer wird versetzt. Okay, das ist normal, da muss man flexibel reagieren. Das lässt sich auch alles irgendwie stemmen, wenn der Dienstplan grundsätzlich vernünftig erstellt ist. Oft habe ich aber auch erlebt, dass es auf einmal hieß: Wir müssen sparen, die Personalkosten sind zu hoch. Von der Station x wird einer abgezogen. Das kommt überfallartig. Dann fehlen in einer Woche plötzlich 38 Stunden auf einer Station. Wenn es eine Teilzeitkraft ist, vielleicht «nur» 19 Stunden. Die Arbeit bleibt aber dieselbe. Die Bedürfnisse der alten Menschen richten sich ja nicht nach unserem Dienstplan oder irgendwelchen Sparmaßnahmen. Im Endeffekt müssen die übrigen Kräfte die ausgefallenen Dienste übernehmen, zusätzlich zu ihren eigenen Stunden. Man hat keine Wahl, kann nicht agieren, sondern nur reagieren. Und zwar oft ultrakurzfristig, weil einem keiner Bescheid sagt.

Wenn ein solcher Dienstplan im Stationszimmer ausgehängt wird, ist er innerhalb kürzester Zeit mit so vielen Änderungen bekritzelt, dass man kaum noch entziffern kann, was da steht. Es sieht aus wie moderne Kunst oder eine Zeichnung aus einem Antiaggressionstraining. Da muss man sich dann durchwurschteln und mindestens einmal am Tag schauen, ob sich für einen selbst für die nächsten 24 Stunden schon wieder was geändert hat. Wird der Dienstplan mit einem Computerprogramm erstellt und ist nur im System abzurufen, sieht er zwar ordentlicher aus, für die Mitarbeiter ist er aber genauso blöd wie seine Printversion. Dann muss man die Karten fürs Konzert, auf das man sich schon seit Wochen gefreut hat, verschenken, der Freundin Bescheid geben, dass es wieder nichts wird mit dem gemeinsamen Essen, den Eltern absagen, die am Sonntag zum Kaffee kommen wollten usw. Ich weiß nicht, wie oft ich meine privaten Pläne total umkrempeln musste, weil mal wieder der Dienstplan kurzfristig geändert wurde. Und die Änderung dann auch wieder geändert wurde. Ich glaube, das kam häufiger vor, als dass der Dienstplan in der ersten Fassung bestehen blieb.

Nicht, dass ich ein Einzelfall wäre, einer, der nun mal leider vom Pech verfolgt ist. Ich hab rumgefragt. Auf meiner Facebook-Seite postete ich eine Collage aus witzigen Grimassen-Fotos von mir, worüber ich die Headline setzte: «Wenn du den neuen Dienstplan siehst und der mal so gar nicht zu deinem Privatleben passt», mit einem kleinen Scheißhaufen-Icon darunter. Wahnsinn, was dann passierte: Innerhalb weniger Stunden gab es über 200 Kommentare von Pflegekräften, die fast alle in dieselbe Richtung gingen. «Was ist Privatleben, kann man das essen?», «Ist für mich ein Fremdwort geworden, seit ich fertig bin mit meiner Ausbildung», «Ich lebe nach dem Dienstplan. Wenn er kommt, kann ich mein Privatleben organisieren.» Der Dienstplan, dein Feind und Herrscher.

Aber es gab auch andere Stimmen: «Ich kann mich nicht beschweren.», «Weiß echt nicht, wo ihr alle arbeitet, aber ich habe sehr wohl ein Privatleben. Jedes zweite Wochenende komplett frei …» Oder «Ich weiß nicht, wie es in anderen Einrichtungen ist, aber bei uns achtet man sehr darauf, dass jeder zufrieden ist mit dem Dienstplan.» Schau an, es scheint also möglich zu sein, einen menschenwürdigen Dienstplan zu erstellen?! Da fragt man sich doch, wie es kommt, dass andere so häufig daran scheitern.

Im Einzelfall kann ich es selbstverständlich nicht beurteilen. Eine Rolle spielt aber mit Sicherheit, dass manchmal Leute auf Positionen sitzen, auf die sie nicht gehören. Warum wollen sich Pflegekräfte gern mehr mit Verwaltung beschäftigen? Weil sie keine Lust mehr haben, an den Betten zu stehen, weil Tätigkeiten mit einem höheren Verwaltungsanteil besser bezahlt sind und – Ironie der Geschichte – bessere Arbeitszeiten bieten. Nur sind die Leute dort manchmal fehl am Platz, selbst wenn sie Fortbildungen oder sonst was besucht haben. Irgendwie kriegen sie es nicht hin, einen guten Dienstplan aufzustellen, weil das zu komplex für sie ist und sie rundum überfordert sind. Das wäre der Grund Inkompetenz.

Der Dienstplan ist aber auch ein Machtinstrument. Wer ihn erstellt, bestimmt über die Mitarbeiter. Und wer Respekt und Wertschätzung für unnötig hält, regiert eben gern mit Machtdemonstrationen. Das kann ganz subtil ablaufen. Für den Betroffenen ist es wie Mobbing, nur dass sich das nicht nachweisen lässt. Sagt man einfach zu seiner Stationsleitung: «He, du behandelst mich ungerecht. Ich krieg einen Wochenenddienst nach dem anderen, dauernd Frühdienst nach Spätdienst. Warum machst du das?» Dann bekommt man die Antwort: «Was willst du eigentlich, die gesetzliche Vorschrift erlaubt es so.» Das stimmt zwar, das Arbeitszeitgesetz sieht wenigstens 15 freie Sonntage im Jahr vor. Doch das ist eine gesetzliche Schutzregel und keine Zufriedenheitsgarantie. Sie sagt nichts darüber aus, ob das nun mitarbeiterfreundlich ist oder ob es nicht deutlich besser ginge. 15 freie Sonntage sind nur das absolute Minimum. Weniger kann bestraft werden. Das ist alles. Wir bewegen uns also am Rande der Legalität.

Der Grund für solche willkürlichen Dienstpläne ist daher meiner Ansicht nach, dass manche Führungskräfte andere Zwecke mit dem Dienstplan verfolgen, als die Arbeit optimal zu organisieren. Wenn du als Mitarbeiter nämlich einmal erfahren hast, dass du dich in der Hand der Stationsleitung befindest, die dir mit dem Dienstplan das Leben zur Hölle machen kann, dann «kooperierst» du eben eher. Dann muckst du nicht auf, wenn auf einmal deine hundert Überstunden aus dem System verschwunden oder als ausbezahlt markiert sind. Und springst ein, wenn Freitagmittag noch eine WhatsApp-Mitteilung kommt: «Kannst du heute bitte noch den Spätdienst übernehmen? Ich erreiche keinen außer dir.» Da würde man gern antworten: «Hast du schon mal bei dir selbst nachgefragt? Oder bei der Pflegedienstleitung, die jedes Wochenende und alle Feiertage frei hat?» Aber das macht man dann eben nicht, weil man sich davor fürchtet, für solches Aufmucken mit einem schlechten Dienstplan bestraft zu werden.

In Häusern, in denen das Betriebsklima schlecht ist, ist

der Dienstplan Kontroll- und Folterinstrument in einem. Es ist sehr schwierig, die Grenze zu ziehen zwischen der Forderung nach kollegialem Verhalten (jemandem aus der Patsche helfen) und der Ausnutzung von Abhängigen (keine Rücksicht nehmen). Für jüngere oder eher schüchterne, ängstliche Mitarbeiter ist es fast unmöglich, sich gegen die Stationsleitung zur Wehr zu setzen.

Ich habe nie verstanden, warum viele Führungskräfte sich so verhalten. Vielleicht, weil sie von ihren Vorgesetzten selbst so behandelt werden und den Druck nach unten weitergeben. Oder weil sie falsche Vorstellungen von Position und Hierarchie haben. Dabei wäre es doch für alle Beteiligten viel besser, wenn man ein menschliches Interesse an den Mitarbeitern hätte und dementsprechend mit ihnen umginge. Dann liefe alles viel geschmeidiger ab, und gemeinsam könnte man auch Notfälle und Ausnahmesituationen besser lösen. Das wäre doch auch für die Führungskräfte ein Gewinn.

Genauso wenig verstehe ich, dass Teams auseinandergerissen werden. Alles läuft super, dann wird einer rausgezogen – warum? Meiner Ansicht nach nur aus dem Gedanken heraus: Die verstehen sich zu gut. Die sind auch befreundet. Und arbeiten darüber hinaus zusammen? Besser nicht. Die sitzen doch nur im Dienstzimmer rum, die trennen wir. Außerdem könnten die zu viel Selbstbewusstsein entwickeln und sich dann gegen uns, die Leitung, wenden. Ein solches Führungsverhalten ist einfach Mist. Es macht alle unzufrieden. Auch denjenigen, der dann neu ins Team kommt. Der muss sich neu eingewöhnen und sieht den Grund nicht, wenn er vorher ebenfalls in einem gut funktionierenden Team gearbeitet hat. Und wer dauerhaft unzufrieden ist, ist weniger belastbar, wird öfter krank und kann irgendwann einfach nicht mehr. Dann muss einer aus dem Team für den kranken Kollegen einspringen, zusätzliche Stunden leisten. Alles nur, weil die Leitung entschieden hat, dass ein Team mal ein bisschen gepiesackt werden muss.

Ich habe das öfter erlebt, und wenn ich nachfragte, warum ein gut laufendes Team auseinandergerissen wurde, bekam ich nur Sprüche als Antwort: «Jeder muss sich neuen Herausforderungen stellen.» Oder mit vorgetäuschter Fürsorge: «Es ist gut, wenn ihr alle mal aus eurer Routine rauskommt.» Dabei erlaubt doch eine reibungslose Routine den Mitarbeitern, sich viel besser auf die übrigen Dinge zu konzentrieren. Aber nein: Das Team wird zu selbstbewusst, da funken wir besser gleich mal dazwischen.

Teamorganisation und Dienstplan: Das sind die Knackpunkte für jede Pflegekraft. Wenn das nicht klappt, dann saugt dir das die Motivation aus dem Leib, man kann sich langfristig nicht gegen diese fortgesetzte Entmutigung wehren. Und letztlich sind es auch die Knackpunkte für jede Einrichtung. Wer daran interessiert ist, dass sich gute Teams bilden, wer den Dienst im Sinne der Bewohner *und* der Mitarbeiter organisiert, der braucht sich vor dem Personalnotstand nicht zu fürchten. Die Mitarbeiter bleiben, weil sie gern arbeiten. Der Nachwuchs kommt, weil er weiß, hier wird er nicht ausgenutzt. Die Fluktuation ist gering, und wenn Stellen doch mal neu besetzt werden müssen, dann geht das schnell. Die Einrichtung braucht kein Plakat aufzuhängen: Wir sind super! Das ist niemals so glaubwürdig wie das, was die Mitarbeiter selbst nach außen tragen. Die Mundpropaganda von zufriedenen Mitarbeitern, denen Respekt und Wertschätzung entgegengebracht wird und die das auch in der Organisation ihrer Arbeit erkennen, die ist durch nichts zu ersetzen.

Deshalb meine ich, dass meine Kolleginnen und Kollegen auch in dieser Hinsicht selbstbewusster und vor allem kritischer werden sollten. Wer sich nie getraut hat, mal zu schauen, ob es anderswo nicht besser ist, der glaubt am Ende wirklich, dass das Leben und Arbeiten in der Altenpflege eine Fron sein muss. Dass es irgendwie systembedingt ist und eben nicht anders geht. Schicksal oder so was. Das ist natürlich Quatsch. Klar, wir brauchen bessere Ausstattung und mehr Personal. Aber das Personal, das wir haben, muss auch wissen, was es wert ist. Es darf sich nicht einfach alles gefallen lassen.

GESICHT ZEIGEN: WARUM ICH IN SOCIAL-MEDIA-KANÄLEN AKTIV BIN

■ ■ ■

Ich liebe meinen Beruf, das war von Anfang an so und hat sich nie geändert. Aber schon früh hatte ich auch das Gefühl, dass da etwas gründlich schiefläuft. Hier geht's um Menschen, hier geht's um Geld, um Politik, um Gesetze und was weiß ich. Doch wir Pflegekräfte kommen dabei nicht zu Wort, weshalb auch unsere Interessen nicht wahrgenommen werden. Ja, es gibt die Pflegekammern, in denen wir Zwangsmitglieder sind und Beiträge zahlen müssen. An der Frage nach ihrer Nützlichkeit scheiden sich allerdings die Geister. Meiner Meinung nach hat die Mitgliedschaft für uns keinerlei Vorteil. Die Kammern sollen sachgerechte und professionelle Pflege gewährleisten, wirken an den Ausbildungsrichtlinien mit usw. – aber an den Rahmenbedingungen, unter denen Pflege stattfindet, ändern sie nichts. Können sie vielleicht auch nicht, doch dann sind sie für uns Pflegekräfte wirklich überflüssig. Außerdem sehe ich kaum Vertreter der Kammern im Fernsehen oder im Bundestag.

Wer spricht also für uns? Wer kennt die Missstände des Berufs ebenso wie seine schönen Seiten denn besser als wir

selbst? Keiner. Im stillen Kämmerlein oder im Stationszimmer zu jammern bringt gar nichts, sondern macht nur
schlechte Laune. Deswegen dachte ich mir schon in der
Ausbildung: Ich will, dass die Gesellschaft uns sieht. Ich
möchte Einfluss nehmen. Ich möchte für die Pflege eine
Stimme sein, die gehört wird.

Was tun? In die Politik gehen, eine Gewerkschaft gründen oder einen «Verein für alle Pflegekräfte, die mehr
wollen»? So was liegt mir nicht, und ich hätte damit lediglich noch eine Institution mehr auf den Markt gebracht,
die nach Regeln und Vorschriften arbeiten muss, einen
Vorstand braucht, Denkschriften verfasst usw. Ich hätte
immer so denken und sprechen müssen, wie andere es von
mir verlangen, meine eigenen Ansichten und Gefühle wären wahrscheinlich nicht zum Zuge gekommen. Nichts
für mich. Ich wollte was Direktes, ohne Umwege. Für
meine Generation kommt da nur eins in Frage: Facebook!
Am 13. August 2012 ging meine Facebook-Seite online.
«Mehr Respekt und Anerkennung für Altenpfleger und
Senioren» hieß sie, ein nicht gerade eingängiger Name,
aber ich war damals ja auch noch ein blutiger Anfänger.
Gerade 22 Jahre alt und noch nicht mal ausgelernte Pflegefachkraft. Ein gewisses Risiko, dass die Leute mir den
Vogel zeigen würden, bestand also durchaus. Doch das
nahm ich in Kauf. Wichtiger war, dass endlich was passieren würde.

Ich hätte mir im Übrigen gar keine Sorgen zu machen
brauchen, denn es gab zunächst niemanden, der mir den

Vogel hätte zeigen können. Nur weil man eine Facebook-Seite erstellt und wichtige Dinge über die Pflege erzählt, heißt das nicht, dass sich das Publikum sofort begeistert darauf stürzt. Ich postete meine Gedanken und gefühlvolle Worte, die jeden in der Pflege ansprechen sollten, sowie Bilder von älteren Menschen – und führte darüber erst mal Selbstgespräche. Null Fans in den ersten Wochen.

Doch dann gab's die ersten Klicks und Likes, aus der Familie, von Kolleginnen, Leuten aus der Berufsschule und Menschen, die ich nicht kannte, die aber von mir erfahren hatten. Sie teilten meine Beiträge. Ich bemühte mich um die Fans von medizinischen Seiten mit Pflegeschwerpunkt und lud sie ein, mir zu folgen. Wie bei einem Stein, den man ins Wasser wirft, wurden die Kreise immer größer. Jede Menge Pflegekräfte beteiligten sich, sie waren regelrecht begeistert. In den Kommentaren schrieben sie häufig so etwas wie: «Endlich sagt mal einer, wie es ist» oder «Ich liebe meinen Beruf, aber er macht mich fertig». Ich füllte regelrecht eine Marktlücke. Vorher hatten die Pflegekräfte sich einfach nicht getraut, öffentlich über ihre Probleme bei der Arbeit zu sprechen oder sich gar beim Chef zu beschweren. Oder einfach mal herauszuschreien, dass sie es satthatten, als Arschabwischer abqualifiziert zu werden. Meine Seite war wie ein Ventil für sie. Nach ein paar Wochen hatte ich hundert Fans, dann knackte ich die Tausendermarke. Ich war selbst total überrascht. Selbstverständlich hatte ich auf einen Erfolg gehofft, man fängt so was ja nicht an, wenn man ein Desaster erwartet. Aber dass die Sache so durch die Decke gehen würde – damit konnte man nicht rechnen, es war wirklich Wahnsinn.

Die vielen positiven Kommentare bestärkten mich in meiner Motivation. Und vor allem brachten sie mich auf immer neue Ideen. Natürlich berichteten die Fans über sich persönlich, aber gerade dadurch bekam man einen ziemlich guten Eindruck, wie unterschiedlich es in den verschiedenen Einrichtungen zugeht. Es ergab sich für mich quasi eine eigene Statistik. Ich erkannte genau, wo die Probleme lagen. Was mir sehr wichtig war: Ich wollte nicht nur über die Missstände schreiben, denn das ist nicht die ganze Wahrheit über Pflege und Altenheime. Das Dilemma besteht jedoch darin, dass man mit den positiven Dingen keinen Hund hinterm Ofen hervorlockt. Wie es in den Zeitungs- und Fernsehredaktionen heißt: Nur schlechte Nachrichten sind gute Nachrichten.

Meine Methode, zwar die Probleme aufzuzeigen, aber die Seite nicht zu einer Klagemauer werden zu lassen, ist relativ einfach. Ich behandele vieles mit Humor. Das liegt nahe, ich bin ein Typ, der gern die komischen Aspekte des Lebens betont. Das heißt nicht, dass ich die negativen Dinge nicht sehe. Aber ich meine, mit Humor geht einfach alles besser. Ich nehme mich auf Facebook gern mal selbst auf den Arm und behandele manche Themen wie ein Comedian. Zum Beispiel, wenn ich einen Film hochlade, in dem ich ein Selbstgespräch am Telefon führe und so tue, als ob ich mich über den Anruf der Stationsleitung freue, dass ich schon wieder am Wochenende einspringen muss.

Auch in der Pflegepraxis fahre ich mit meiner humorvollen Art im Umgang mit alten Menschen und ihren manchmal skurrilen Verhaltensweisen sehr gut. Wenn wir gemeinsam über Pannen und Probleme und über uns selbst lachen können, ist alles nur halb so schwer.

Humor kann nicht anonym sein, Humor ist individuell und persönlich. Auf der Facebook-Seite zeigte ich daher immer mehr Gesicht, im wörtlichen wie im übertragenen Sinne. Ich postete Fotos von mir und gestaltete Bild-Text-Dateien, in denen ich meine Gedanken und Gefühle in knappe, prägnante Sätze fasste. Das kam super an, später auch auf anderen Kanälen wie Instagram und YouTube. Entscheidend war und ist, dass ich genau weiß, wie eine Pflegekraft sich fühlt, was ihr fehlt, worüber sie sich ärgert. Es ist alles authentisch und vor allem glaubwürdig.

Allerdings melden sich immer wieder auch ein paar Leute, denen mein Tonfall und die Art, wie ich das Thema Pflege behandele, nicht passen. Das will ich nicht verschweigen. Zu unernst, zu gefühlvoll, zu wenig an der Sache orientiert – solche Vorhaltungen gibt es. Man kann das so sehen. Ich kann den Leuten nicht vorschreiben, wie sie mich beurteilen sollen. Richtig ist, dass mir sehr viel daran liegt, die Emotionen anzusprechen. Es ist leider so, dass manche Pflegekräfte aufgrund der Dauerüberforderung abstumpfen und ihren Dienst nach Vorschrift ableisten, ohne mit dem Herzen dabei zu sein. Doch Gefühle sind in unserem Beruf sehr wichtig, gerade im Umgang mit Demenzkranken. Wie gesagt, es geht nicht darum, dass du stur jeden Tag auf deiner Station die Menschen wäschst, sondern dass du dich erinnerst, wie es jedem Einzelnen gestern ging, warum er vielleicht geweint hat. Es geht darum, dass du dich fragst: Wie geht es ihm heute? Ist der Kummer noch da? Kann ich ihm helfen? Deshalb schäme ich mich auch nicht dafür, dass viele meiner Posts sehr gefühlvoll sind. Das ist kein Versehen, das soll so sein. An den zahlreichen Reaktionen und Abonnenten sehe ich auch, dass ich nicht allein so denke und fühle, sondern dass es vielen ähnlich geht.

Ich kann niemanden dazu zwingen, meine Art von Humor lustig zu finden. Aber definitiv falsch ist die Ansicht, dass es mir nicht ernst sei mit der Pflege. Schließlich würde ich mich sonst nicht so sehr engagieren, so viel Zeit und Herzblut in die Sache stecken. Ich ergreife Partei: für uns Pflegekräfte und für die alten Menschen. Daran gibt es nichts zu deuteln. Ich mache es auf meine Art. Andere machen es anders.

Meine Vorgesetzten bekamen zunächst überhaupt nicht mit, was sich da entwickelte. Dann hielten sie sich eher bedeckt, um mir ja nicht den Eindruck zu vermitteln, dass ich eine tolle Sache angestoßen hätte. Sie befürchteten wohl, dass mir das Ganze zu Kopf steigen könnte. Und, so vermute ich, sie waren besorgt, dass ich über meine Facebook-Seite den Kolleginnen und Kollegen klarmachen würde, wie wichtig sie sind, dass sie das Rückgrat des Betriebs darstellen. Mit dieser Erkenntnis könnten sie dann womöglich «frech» werden und sich als Team gegen die Leitung verbünden. Ganz unrecht hatten sie nicht. Es muss ja nicht gleich eine Revolte sein, aber ein gestärktes Selbstbewusstsein im Umgang und in den Verhandlungen mit den Chefs wäre schon mal ein Fortschritt.

Was mir an den Social-Media-Kanälen gefällt: Es ist ein Wechselspiel. Ich schreibe etwas und bekomme sofort eine Reaktion. Widerspruch, Bestätigung, Zweifel, Gegenbeispiele und Einblicke in andere Bereiche. Mit der Zeit meldeten sich auch weitere Gruppen aus der Pflege zu Wort, Frauen und Männer aus der Krankenpflege, Kinderkrankenpflege oder Heilerziehungspflege. Das Thema war also noch viel größer, als ich ursprünglich gedacht hatte. Mein Ziel bestand darin, die Community so groß und stark zu machen, dass man an uns nicht mehr vorbeikäme. Dass die Politik nicht wegschauen könnte. Dass sie irgendwann auf uns und unsere Anliegen reagieren müsste. Ich habe eine Gemeinschaft gegründet, die laut sagt, was wir brauchen, was wir können und wofür unsere Arbeit gut ist. Das ist meiner Ansicht nach die wichtigste Art von Öffentlichkeitsarbeit, die ich und die wir leisten können.

Ich konnte und kann nicht auf jeden Kommentar auf meiner Facebook-Seite antworten, aber ich gab und gebe mir weiterhin wirklich Mühe. Meistens unterzeichnete ich dann nicht mit meinem vollen Namen, sondern nur als Sandro P. Es ist zwar bloß ein einziger Buchstabe, aber mit dem e, das man beim Sprechen dranhängt, bekam er seine eigene Melodie. Das gefiel mir. Es klang irgendwie nach Saint-Tropez … und daraus entstand schließlich Sandro Pé. Am 27. Dezember 2014 ging mein Blog unter diesem Namen online, ich wurde eine Person des öffentlichen Lebens. Manchmal werde ich gefragt, ob es mir eher um mich oder um die Sache geht. Die Antwort ist ganz einfach: Ich vermarkte meine Person, damit die Sache davon profitiert.

Den Blog und die Facebook-Seite mit Inhalt zu bestücken und bekannt zu machen ist ziemlich aufwendig. Viele Beiträge kommen locker rüber, was auch so sein soll, aber dennoch geht das nicht von selbst. Ich muss Themen setzen, überlegen, was gut ankommt und wie ich ein positives Bild der Pflege erzeugen kann, Posts veröffentlichen, Videos produzieren, Antworten auf Kommentare schreiben, motivieren usw. Damit bin ich ziemlich beschäftigt – man darf nicht vergessen, dass ich das «nebenbei» mache, zusätzlich zu meinem Beruf. Und ein Privatleben habe ich auch noch. Meine Öffentlichkeitsarbeit, wenn man das so nennen will, erledige ich entweder nach dem Frühdienst oder vor dem Spätdienst, mal brauche ich eine Stunde, mal zwei oder drei. Die Seite lebt natürlich im Wesentlichen durch mich, aber es gibt auch zwei Stars: meinen Opa und eine ältere Frau, die ich mein «Model» nannte, eine alte, sehr hübsche Dame mit schönen grauen Haaren. Ich habe Fotos von ihr gepostet, auf denen sie immer vergnügt lächelt, und manchmal sind wir auch zusammen zu sehen. Die Bilder verbreiten einfach gute Laune, sie zeigen die schönen Seiten des Lebens, die auch im Heim existieren. Vor einiger Zeit ist die Dame gestorben. Ich war sehr traurig, als ich davon erfuhr. Ihre Tochter erzählte mir, dass ihre Mutter immer ganz begeistert war von den Fotoshootings und die beiden sich sehr oft das Video auf YouTube angeschaut haben, in das ich die Fotos einmontiert hatte. So lebt sie auf diese Art noch ein bisschen weiter.

Mein Opa … der ist der Superstar, das muss man schon sagen. Er ist dement und lebt seit ein paar Jahren im Heim. Warum es die beste Entscheidung war, seinen Wohnsitz ins Heim zu verlegen, dazu komme ich noch. Hier nur so viel, dass er in einigen meiner Videos die Hauptrolle spielt. Es sind viele kleine Clips, etwa wenn ich ihn besuche oder wir zusammen eine Pizza essen. Ein paar längere Videos sind auch dabei, beispielsweise von unserem Ausflug in den Supermarkt, in dem er früher Stammkunde war. Ich schiebe ihn im Rollstuhl dorthin, und wir haben eine Menge Spaß, es ist eine absolut unbefangene Situation. Ich bin jung, er ist alt. Er ist dement, aber fühlt sich wohl und genießt die Aufmerksamkeit, die ihm zuteilwird, auch von Seiten der Verkäuferinnen und Kassiererinnen. Dieses Video ist ein Beispiel dafür, dass die Diagnose Demenz nicht bedeutet, ab von allem zu sein. Dass, wie ich es oben schon mal beschrieb, Herz und Seele nicht dement werden. Das darf man bei der Begegnung mit alten Menschen nie vergessen! Mein Opa hat einen starken Selbständigkeitsdrang. «Allein» einen Einkauf zu erledigen findet er super – die Kommentare zu dem Film sind es auch.

Der Aufwand, den die Social-Media-Arbeit verursacht, ist groß, aber er lohnt sich. Ich öffne die Welt der Altenpflege und bringe sie aus den Stationen und Heimen an die Öffentlichkeit. Ich will den Menschen, die Pflege benötigen, Mut machen. Ihnen zeigen, dass es nicht überall schlecht ist und viele Menschen sich mit Herz und Engagement für gute Pflege einsetzen. Mein Wirken in den sozialen Medien verändert den Blick der Gesellschaft auf alte Menschen und auf die Pflege – zumindest trägt es einen ordentlichen Teil dazu bei, eine neue Perspektive zu ermöglichen. Die Sandro-Pé-Seite hat mittlerweile rund 88 000 Abonnenten, wenn ich alle Kanäle zusammenrechne, sind es bald an die 200 000 Fans. Wenn man in einer Woche bis zu zehn Millionen Menschen über Facebook erreicht, weil die Fans mega oft «Gefällt mir» klicken und Posts kommentieren und teilen – das ist schon krass. Aber dass ich mit dem Thema Pflege so eine Reichweite erziele, ist das Allerkrasseste.

Es ist eine Aufmerksamkeit, die auch von der nicht pflegenden Öffentlichkeit, von den Medien und der Politik wahrgenommen wird. Das wiederum kann ich für die Sache nutzen. So habe ich auf dem Pflegetag 2017 in Berlin ohne vorherige Anmeldung den Gesundheitsminister angesprochen, damals war das Hermann Gröhe. Vor laufender Kamera stellte ich ihm kritische Fragen, zur Pflege und zur mangelhaften Kontrolle der Heime. Das Interview dauerte knapp fünf Minuten, und im Nachgang wurde ich noch zu einem längeren Interview mit Herrn Gröhe vor einem professionellen Team gebeten. Inhaltlich kam am Ende nicht viel dabei heraus, weil er nur um den heißen Brei herumredete. Zu Hause drehte ich anschließend noch ein Video dazu – und da konnte ich meinen Senf zu seinen Äußerungen dazugeben. Die Tatsache, dass sich der Bundesgesundheitsminister ohne Terminvereinbarung für mich, Sandro Pé aus Weibern in der Eifel, Zeit nahm und sich ausführlich mit mir unterhielt, zeigte jedoch, dass meine Social-Media-Präsenz mittlerweile politisch von Bedeutung war.

Und es ging weiter. Ich wurde eingeladen: in Talkshows, unter anderem zu Sandra Maischberger, wo der neue Gesundheitsminister Jens Spahn meine Social-Media-Arbeit lobte und ich ihm meine Meinung zu seinen Reformvorhaben sagen konnte. Radiosender führten Interviews mit mir, ich war als Gast im Fernsehen, auf Podiumsdiskussionen, auf Konferenzen und Fachmessen, in Schulen. Neuerdings melden sich auch Pflegeeinrichtungen bei mir und laden mich zu sich ein, damit ich mich von ihrer würdevollen Pflege der Menschen überzeuge und darüber berichte. Oder ich soll Reden halten, um die Pflegekräfte in neuen Einrichtungen zu motivieren. Pflegeschüler und -schülerinnen möchten, dass ich auf ihren Abschlussveranstaltungen auftrete. Das Monatsmagazin brandeins schrieb über mich, ebenso wie viele Tageszeitungen. Ich wurde bei «Taff Heroes» porträtiert und außerdem sehr oft als Experte gefragt, wenn es um die Praxis der Pflege ging. Im «Uni Spiegel» hieß es über mich und andere

Influencer, die sich auf Berufe konzentrierten, wir seien «die neuen Berufsberater».

Nebenwirkungen treten natürlich ebenfalls auf. Es ist schon komisch, wenn ich im Supermarkt an der Kasse stehe und plötzlich einer neben mir sagt: «Toll, Sandro, was du da machst, weiter so!» Damit lobt er dann nicht meinen intelligenten Einkauf, sondern meine Öffentlichkeitsarbeit. Viele kennen mich, doch ich kenne nur die wenigsten meiner Fans persönlich. Immer öfter werde ich bei der Arbeit in einer Pflegereinrichtung von den Menschen erkannt, die mich dann gleich ansprechen. Das ist ein merkwürdiges Gefühl. Gerade weil ich mit diesen Seiten eine große Verantwortung übernehme. Anfangs war mir das überhaupt nicht bewusst, ich habe gar nicht darüber nachgedacht, dass sich die Menschen ihren eigenen Reim auf meine Ansichten machen. Wenn einige, die mich «in echt» sehen, mit mir ein Selfie machen wollen und es irgendwo posten: kein Problem. Manche Pflegekräfte wollen aber aufgrund meiner Äußerungen auf Facebook den Arbeitgeber wechseln und unbedingt mit mir in einem Team zusammenarbeiten. Das ist zwar schmeichelhaft für mich, kann aber zu Verstimmung bei den Kollegen führen – mal ganz abgesehen davon, dass es sich nicht immer realisieren lässt.

Dass ich für viele ein echtes Vorbild bin, gerade für junge Menschen, das nimmt mich richtig in die Pflicht. Ich habe etliche Nachrichten bekommen wie: «Deinetwegen habe ich die Ausbildung in der Pflege angefangen.» Oder:

«Ich weiß nicht, ob die Pflege das Richtige für mich ist, aber ich will die Ausbildung noch durchhalten, deine Seite macht mir Mut.» Oder: «Ich will etwas Sinnvolles tun, so wie du. Meinst du, ich bin für die Pflege geeignet?» «Deinetwegen bin ich im Beruf geblieben und habe jetzt auch endlich den richtigen Arbeitgeber gefunden. Dabei wollte ich schon komplett aus der Pflege aussteigen. Ich danke dir dafür.»

Ein Politiker hat mir mal gesagt: «Das Vertrauen, das die Pflegekräfte in dich haben, das wünschen sich viele Politiker.» Ich versuche, das Richtige zu sagen und zu tun. Es ist eine große Verantwortung, wenn sich Menschen an mir orientieren und ihr Leben an meinem Vorbild ausrichten. Ich will sie nicht enttäuschen.

BRUST RAUS

■ ■ ■

Meine Öffentlichkeitsarbeit hat mein Leben verändert. Auch mein privates. Um zu erklären, wie es dazu kam, muss ich ein bisschen ausholen. 2017 bekam ich für mein Engagement den «Social Media Sonderpreis der Pflege» im Rahmen des Wettbewerbs «Pfleger des Jahres». In der Begründung hieß es, dass ich Botschafter einer positiven Pflege sei. Der Wettbewerb wird seit einigen Jahren ausgerichtet von «Herz und Mut», einer Initiative von Jobtour medical. Das ist ein Zeitarbeitsunternehmen, das sich auf medizinische und pflegende Kräfte spezialisiert hat. Jedes Jahr ergeht ein Aufruf, Vorschläge für die Ernennung zum Pfleger des Jahres einzureichen. Man bewirbt sich nicht selbst, sondern wird vorgeschlagen, von Kollegen, Freunden oder Menschen, die man gepflegt hat. Eine Jury wählt dann aus allen Nennungen drei Preisträger aus.

Die Geschäftsführerin von Jobtour medical, Mirjam Rienth, rief «Herz und Mut» ins Leben, um der Pflege die Anerkennung zukommen zu lassen, die sie verdient. Die Initiative will sowohl den Pflegekräften als auch der Gesellschaft deutlich machen, dass dieser Beruf schön und wichtig ist. Die Ausrichter ermutigen dazu, diesen Beruf zu ergreifen, ihn zu behalten und die Veränderungen in Gang zu setzen, die das System der Pflege hier in Deutschland braucht.

Es gibt drei Preise, der erste Preis ist mit 5000 Euro dotiert, der zweite mit 3000 Euro und der dritte mit 2000 Euro. Eine ordentliche Stange Geld! Aber das ist weder für die Nominierenden noch für die Preisträger das Ausschlaggebende. Die Höhe beeindruckt nicht aufgrund ihres materiellen Wertes, sondern weil sie ein starker Ausdruck von Respekt und Anerkennung ist – in diesem Sinne zeigt das Preisgeld «Wert»-Schätzung. Wirklich grandios ist der Empfang, bei dem die Preise überreicht werden. Am 12. Mai 2017, dem Internationalen Tag der Pflege, bekam ich in Berlin meine Auszeichnung, den Social Media Sonderpreis. Es war ein überdimensional großer Scheck für ein Multimediapaket im Wert von 1500 Euro, damit ich mein Equipment verbessern konnte. Ein Extrabonbon gab es noch dazu: einen Gastauftritt in der Krankenhausserie «In aller Freundschaft». Ich war sprachlos vor Begeisterung.

Der Empfang fand in der obersten Etage der Humboldt-Box in Berlin statt, mit phantastischer Aussicht auf den Berliner Dom. Viele Journalisten waren anwesend, einige Promis und natürlich die Preisträger mit ihren Paten, also denen, die sie vorgeschlagen haben. Teilweise waren sogar die Vorgesetzten mitgekommen, Freunde und Familie. Es war toll – die Stimmung, die Leute, die Reden, die Anerkennung. So viel Wertschätzung kann Pflege erfahren? Die Veranstaltung und die Gespräche gaben mir geradezu einen Energieschub.

Den konnte ich gut brauchen. Ich hatte zwar schon länger damit geliebäugelt, mal meinen Arbeitgeber zu wechseln, aber so dringend war es bisher nicht gewesen. In meinem Heim war ich stellvertretender Wohnbereichsleiter, außerdem Mitglied im Betriebsrat. Doch irgendwie ging es nicht mehr weiter. Außerdem verstärkte sich bei mir nach und nach der Eindruck, dass das Klima schlechter wurde. Ob es an meiner wachsenden «Prominenz» lag oder an etwas anderem, kann ich gar nicht genau sagen. Auf jeden Fall häuften sich kleine Sticheleien, ständig wurde ich wegen vermeintlicher Fehler angegriffen, und in meine Arbeit pfuschten mir die Vorgesetzten auch noch hinein. Ich fing an, ernsthaft sauer zu werden. Und es dauert bei mir wirklich lange, bis es dazu kommt. Meine Motivation ging in den Keller. Nicht im Umgang mit den Bewohnern. Nein, der half mir vielmehr, den ganzen Blödsinn zu vergessen. Wenn ein demenziell Erkrankter mich auf seine unnachahmliche Art angrinste, musste auch ich lachen, das hob meine Laune wieder.

Irgendwann empfand ich bereits massiven Stress, wenn ich nur an die Situation dachte. Ich war die ganze Zeit damit beschäftigt, mich zu fragen: Welcher Mist kommt heute dran, was wird gleich wieder über meinen Kopf entschieden, womit muss ich mich auseinandersetzen, ohne dass die geringste Chance auf ein fruchtbares Ergebnis bestünde? Es wurde regelrecht ungesund, dauernd hatte ich Kopfschmerzen und Magenprobleme. Das Fass zum Überlaufen brachte eines Tages ein Anruf von der Pflegedienstleiterin, dass sie den Dienstplan, den ich als Stellvertreter der Wohnbereichsleiterin für den kommenden Monat aufgestellt hatte, ändern müsse, und zwar komplett. So wie ich es gemacht hätte, sei es unmöglich, daran stimme ja nichts. Wohlgemerkt, es war ein Tag vor Monatsbeginn. Alle Kollegen auf meiner Station hatten sich auf ihre Dienste eingestellt, ihr Privatleben, ihre Freizeit und ihre sonstigen Termine entsprechend organisiert. Keiner hatte sich über den Plan beschwert, er war einwandfrei. Und dann dieser Anruf: Alles auf Anfang! Ich fasste es nicht. Ich hatte den Verdacht, dass das Ganze Teil einer Strategie war, mir mit fadenscheinigen Gründen die Führungsposition wegzunehmen – aber da machte ich nicht mit, das wollte ich mir auf keinen Fall bieten lassen.

Zu Beginn dieses seltsamen Verhaltens meiner Vorgesetzten hatte ich versucht, sachlich und konstruktiv mit der Kritik umzugehen. Ich weiß ja schließlich, dass ich nicht perfekt bin und noch Verbesserungspotenzial habe. Doch irgendwann begriff ich, dass es so, wie die mit mir umsprangen, nicht weiterging. Nun war endgültig Feierabend. Es fühlte sich einfach nicht mehr richtig an, dort zu bleiben. Ich war mit Herzblut und Engagement bei der Arbeit, hatte mich für die Pflegenden eingesetzt, vor die Bewohner gestellt, und auch, wenn ich mal den Mund aufgemacht hatte, war ich immer loyal geblieben. Hatte

klaglos bis zu 200 Überstunden angehäuft, Doppeldiens-
te geleistet, als kommissarischer Stationsleiter eine Chaos-
station übernommen und in ruhiges Fahrwasser gebracht,
mich in jeder Hinsicht für die Einrichtung bemüht. Und
der Dank? Lauter Nadelstiche und zur Krönung ein Schlag
vor die Brust. Ne, nicht mit mir. «Ich habe fertig.» Ich wäre
sowieso nicht mein ganzes Leben in derselben Einrichtung
geblieben, ich wollte immer mal was anderes sehen, andere Heime, andere Konzepte, verschiedene Situationen in
der Pflege. Jetzt war also der Zeitpunkt gekommen, diesen
Wunsch in die Tat umzusetzen. Ich kündigte!

Heute denke ich, dass sich die Entscheidung unter-
schwellig schon angebahnt hat. Mit Mirjam Rienth, der
Gründerin von Jobtour medical, hatte ich nach der Preisverleihung in Berlin mal darüber gesprochen, welche
Möglichkeiten es für mich gäbe. Ich überlegte, als frei-
berufliche Altenpflegekraft tätig zu werden, also von einer
Einrichtung zur anderen zu tingeln als Einspringer in
absoluten Notfällen. Die gute Bezahlung war ein starkes
Argument. Allerdings würden dabei die üblichen Schutz-
maßnahmen fehlen, die ein Angestellter in Anspruch
nehmen kann. Ich hätte mich selbst vermarkten müssen
und wäre für alles allein zuständig gewesen, Krankenversicherung, Rentenversicherung, Absicherung der Berufs-
unfähigkeit usw. Man kann mit dieser Arbeit ordentlich
verdienen, aber der Stress und die Unsicherheit wären
gravierend gewesen. Mirjam Rienth riet mir davon ab. Sie
meinte, das sei nicht meine Welt, gab mir aber dennoch

die Telefonnummer eines Fachkollegen, der auf genau diese Weise arbeitete. Er könne mir von dem Druck erzählen, unter dem er arbeitete, und von den Bedingungen in den Heimen. Das schreckte mich von vornherein ab, das kam für mich nicht in Frage.

Doch ein Job bei einer Zeitarbeitsfirma, das wäre eine Alternative: ein fester, unbefristeter Vertrag, ein gutes Gehalt inklusive aller Sozialleistungen. Ich gebe zu, dass ich bis dahin vollkommen falsche Vorstellungen von Zeitarbeit hatte. Ich dachte immer, das seien nur vorübergehende Tätigkeiten, quasi wie eine Eingliederungsmaßnahme für Arbeitslose, bis sie wieder eine feste Stelle finden würden. Und, auch das muss ich gestehen: Wenn ich selbst hörte, dass eine Pflegekraft aus der Zeitarbeit für jemanden bei uns einspringen sollte, wehrte ich sofort ab. Bloß nicht, macht nur mehr Arbeit, man muss genau erklären, wie und wo alles ist, und wenn es endlich läuft, sagt sie auf Wiedersehen. Jetzt sollte ich also die Seiten wechseln und das tun, was ich vorher verurteilt hatte? Hm, schwierige Angelegenheit. Doch wie bei allem gilt auch hier: Es gibt Unterschiede – und die sind entscheidend. Die Billiganbieter, die auch unter den Zeitarbeitsfirmen zu finden sind, können nicht die Qualität liefern, die die anderen sich auf die Fahnen geschrieben haben. Wenn überhaupt, würde ich nur zu einem Unternehmen gehen, das hohe Standards verwirklicht und seine Mitarbeiter nicht verheizt, sondern ihnen Wertschätzung und Anerkennung entgegenbringt.

Damals waren das alles Erkundigungen für den Tag X, wenn er denn jemals käme. Jetzt war er da. Ich reichte meine Kündigung ein, ohne dass ich einen anderen Vertrag in der Tasche gehabt hätte. Es war eine ziemlich spontane Aktion. Zuvor hatte ich meine Jahre in dem Haus Revue passieren lassen und mich daran erinnert, wie oft ich mit diesem oder jenem Aufzug gefahren war, welche Bewohner ich besonders gemocht hatte, wem ich in seiner letzten Stunde die Hand gehalten hatte, wie viele Stunden ich im Betriebsratsbüro gesessen hatte, mit welchen Kollegen die Zusammenarbeit am angenehmsten war, wie viele Weihnachten ich hier mit den Bewohnern gefeiert hatte und viele andere Kleinigkeiten, die über die Jahre einen Arbeitsplatz und das Gefühl der Zugehörigkeit prägen. Wie im Zeitraffer zog das alles vor meinen Augen vorbei. Aber es half nicht, auch wenn es viele schöne Erinnerungen gab, ich musste weg.

Nie werde ich das Gesicht der Pflegedienstleiterin vergessen, als ich in ihr Büro ging, an ihren Schreibtisch trat und sagte: «Guten Morgen, hier ist meine Kündigung. Bitte bestätigen Sie, dass ich sie heute fristgerecht eingereicht habe.» Die Frau war regelrecht von den Socken. Sie hatte mir zwar das Leben schwer gemacht, mit einer Kündigung aber niemals gerechnet. Sie konnte sich einfach nicht vorstellen, dass ich einen Schlussstrich ziehen würde. «Ist das Ihr Ernst?», fragte sie. Beinahe hätte ich gelacht. «Ja, das ist mein Ernst. Ich kündige. Bitte bestätigen Sie, dass ich Ihnen das Schreiben heute überreicht habe.» Zähneknirschend unterschrieb sie die Bestätigung. Anschließend ging ich ins Büro der Wohnbereichsleiterin, die eine Art Mentorin für mich gewesen war, mich zu Beginn meiner Fachkraftzeit unter ihre Fittiche genommen und mir bei der Entwicklung meiner Persönlichkeit sehr geholfen hatte. Sie war erschüttert: «Nein, Sandro, das kannst du doch nicht machen! Hast du dir das wirklich gut überlegt? Schlaf doch noch mal drüber.» Sie wollte mich einfach nicht ziehen lassen und redete minutenlang auf mich ein. Ich legte ihr meine Gründe dar, erklärte, dass ich mehr machen wollte, meinen Horizont erweitern, auch mehr verdienen und generell aus diesem System ausbrechen wollte, das einen kaputt macht. Sie verstand mich natürlich, wahrscheinlich auch ohne meine Erklärungen. Aber sie wollte einfach nicht, dass ich weggehe. So ist das bei einem guten Team. Wenn einer geht, wackelt die ganze Mannschaft.

ES GEHT AUCH ANDERS!

■ ■ ■

Die Kündigung war mein großer Auftritt – und dann? Ich hatte zwar keinen neuen Vertrag in der Tasche, aber die Zukunft vor mir. Zumindest *ein* Vorteil des Pflegekräftemangels ist, dass man sofort einen neuen Job bekommt. Da machte ich mir also gar keine Sorgen. Aber wo sollte der sein? Einfach in irgendeinem anderen Heim einen Ort weiter? Auf keinen Fall. Das eine Elend gegen das andere zu tauschen wäre kein Fortschritt gewesen. Es musste sich etwas Grundlegendes ändern. Ich erinnerte mich an Frau Rienth und die Preisverleihung ungefähr vier Monate zuvor. Und an das Erkundungsgespräch, das ich mit ihr geführt hatte, damals nur so, für alle Fälle. Ich rief sie an und sagte: «Frau Rienth, ich habe gekündigt, aber noch keinen neuen Job. Wie wär's, komme ich für Sie in Frage?» Sie war im ersten Moment perplex, weil sie nicht mit einem solch radikalen Schritt von mir gerechnet hatte. «Natürlich, komm vorbei, und wir schauen, was für dich passt.»

Seitdem bin ich bei Jobtour medical fest angestellt, unbefristet. Ich bekomme deutlich mehr Gehalt als früher,

erhalte Fahrgeld, kann Einfluss nehmen auf meine Diensteinteilung, habe regelmäßigen, ungestörten Urlaub, kann
meine Freizeit aufgrund der zuverlässigen freien Tage gut
planen und sie vor allem ohne schlechtes Gewissen genießen, kann an Weiterbildungen teilnehmen, muss fast nie
überraschend einen Wochenend- oder sonst einen Dienst
übernehmen, eventuelle Überstunden werden bezahlt –
und ich komme herum. Das ist das Wichtigste. Mal bin ich
nur sechs Wochen in einer Einrichtung, mal drei Monate
oder mehr. Das heißt, ich erlebe die Arbeit in sehr unter-
schiedlichen Heimen. Ich kann viel beobachten und lernen, unterschiedliche Führungsstile und Wertkonzepte
studieren. Davon profitiere ich sehr, mein Horizont er-
weitert sich enorm.

Zeit- oder Leiharbeit, auch «Leasing» oder «Arbeitneh-
merüberlassung» genannt, hat bei einigen Leuten – früher
zählte ich wie gesagt noch dazu – einen schlechten Ruf.
Manche meinen, dass wir das System beziehungsweise die
Problemlage der Einrichtungen ausnutzen. Deshalb gebe
es höhere Honorare, während die Stammbelegschaft für
ihr normales, geringes Gehalt weiterarbeite. Zeitarbeiter
brächten dadurch Unruhe, Neid und Missgunst in die Be-
legschaft. Der Aufwand an Einarbeitung sei hoch, die Aus-
hilfskräfte seien oft nicht qualifiziert genug und gerade
die alten, dementen Menschen litten unter dem häufigen
Wechsel von Personal, für sie trage Kontinuität wesent-
lich zum Wohlbefinden bei. So heißt es. Ich glaube, der
Großteil dieser Vorwürfe beruht auf Missverständnissen

beziehungsweise auf einzelnen schlechten Erfahrungen. Auch ich hielt die Mitarbeiter, die von der Zeitarbeitsfirma geschickt wurden, ja irgendwie für nichtskönnende Profiteure. Das stimmt aber nicht, zumindest trifft es auf keinen Fall auf alle zu. Es gibt gute und schlechte Zeitarbeitsunternehmen und Vermittlungsfirmen, gerade auch in der medizinischen und pflegenden Branche. Die guten schauen, dass die Anforderungen der Einrichtungen mit den Qualifikationen der zu ihnen entsendeten Kräfte so weit wie möglich übereinstimmen. Die schlechten hingegen schicken irgendwen, der gerade zur Verfügung steht. Dann treten natürlich Schwierigkeiten auf, weil die Erwartungen nicht erfüllt werden.

Ich bin jetzt seit über zwei Jahren bei Jobtour medical und hatte noch nie ein Problem. Ich merke, dass die Einarbeitungsphase von einem zum anderen Mal kürzer wird und ich mich immer schneller auf die neue Situation einstellen kann. Die Zusammenarbeit mit den Kolleginnen und Kollegen in den Einrichtungen, in die ich geschickt werde, funktioniert reibungslos. Jede Seite formuliert von vornherein klar ihre Vorstellungen, und dann läuft es ohne Probleme. Ein- oder zweimal gab es kleine Unstimmigkeiten wegen der Unterkunft, die manchmal von der Einrichtung gestellt wird, aber auch das ließ sich ohne großen Aufwand klären. Dass die dementen Bewohner irritiert oder gar verstört gewesen seien, weil sich für eine Weile ein Fremder um sie kümmerte, ist mir nicht untergekommen. Manche können sich noch gut ausdrücken:

«Ach, mal wieder ein neues Gesicht. Wo kommen Sie denn her, junger Mann?» Andere sagen nichts, aber wenn ich sie herzlich begrüße und vielleicht ein Späßchen mache, merke ich, dass sie keine Vorbehalte mir gegenüber haben. Es kommt auf die persönliche Art und die Zugehensweise an, mit denen den Menschen begegnet. Und ganz nebenbei: Meiner Ansicht nach müssen sich die Kritiker auch mal fragen, ob es wirklich gut ist, wenn eine einzige Pflegekraft für 30 Menschen zuständig ist, oder ob sie sich den Bewohnern nicht besser widmen kann, wenn sie von ein oder zwei Zeitarbeitern unterstützt wird.

Gesundheitsminister Jens Spahn meinte im Sommer 2018, er hätte «lieber weniger Leiharbeit in der Pflege und dafür mehr Festangestellte»[11]. Da hat er leider das Problem nicht richtig verstanden. Es mag Einrichtungen geben, die permanente Zeitarbeit in ihre Planung einbeziehen. Aber die überwiegende Mehrheit tut das nicht. Die greifen auf Zeitarbeiter zurück, um Engpässe zu überbrücken, auch mal für längere Zeit. Es gibt darunter sicherlich Heime, in denen das an der Tagesordnung ist, weil sie schlecht planen. Oder weil die Führung ihren Angestellten so wenig Respekt und Anerkennung zollt, dass die permanent krank sind oder ganz einfach die Flucht ergreifen. Die Schuld dafür lässt sich aber nicht der Zeitarbeit in die Schuhe schieben. Stünde sie nicht zur Verfügung, würde es wahrscheinlich noch mehr Personalmangel geben, so vermute ich zumindest.

Man könnte die Pflege in Deutschland auf keinen Fall

nur über Zeitarbeit sicherstellen, das ist klar, das System würde zusammenbrechen. Es will aber auch niemand die Zeitarbeit zur alleinigen Basis der Pflege machen. Ich habe jedenfalls noch nichts davon gehört. Wir sind im Verhältnis auch nur sehr wenige. 2018 waren 12 000 Altenpflegekräfte bei einer Zeitarbeitsfirma angestellt. Das sind sage und schreibe zwei Prozent aller Altenpflegekräfte, allerdings mit steigender Tendenz.[12] Zeitarbeit ist sicher nicht für jeden Menschen geeignet, deshalb droht keine Gefahr, dass das System ihretwegen kippt. Mir passt diese Arbeitsform gut. Ich bin jung, will Vollzeit arbeiten und habe kein Problem damit, mich immer wieder neu in bestehende Teams zu integrieren, in fremden Städten zu leben und in Hotels oder Schwesternwohnheimen zu übernachten und am Wochenende nach Hause zu düsen. Das nehme ich für die ansonsten besseren Arbeitsbedingungen in Kauf. Ich kann mir das auch «leisten», das kann sich natürlich auch mal wieder ändern. Für eine alleinerziehende Mutter käme so eine Arbeitsform sicherlich nicht in Frage, weil sie wahrscheinlich nicht nur in der Nähe ihres Wohnortes eingesetzt werden könnte. Und für Menschen, die häufige Veränderung scheuen, ist Zeitarbeit natürlich auch nichts.

NEUES TERRAIN BETRETEN

■ ■ ■

Vor meinem ersten Einsatz als Zeitarbeiter war ich ein bisschen aufgeregt. Neue Umstände, unbekanntes Team, ganz frisch in den Leiharbeitsverhältnissen. Doch ich hätte mir nicht die geringsten Sorgen machen müssen. Es lief alles super, extrem super sogar. Die Gaggenauer Altenhilfe im Schwarzwald war eine tolle Erfahrung für mich. Es handelt sich dabei um einen Verein, zu dem mehrere Einrichtungen gehören, der außerdem ambulante Unterstützung anbietet, Nachbarschaftshilfe organisiert, einen Mehrgenerationentreff ins Leben gerufen hat, einen Palliativ- und Hospizdienst betreibt und noch vieles mehr. Die Gaggenauer Altenhilfe besteht aus einem großen WIR, so sagen sie es jedenfalls selbst. Im Vorstand des Vereins sind der Oberbürgermeister, Vertreter der beiden Kirchen und verschiedene gesellschaftliche Gruppen aktiv. 1600 Mitglieder sowie über 200 Ehrenamtliche stützen den Verein.

«Das Alter neu denken» lautet der Leitspruch, deshalb werden unterschiedliche Wohnformen ausprobiert und angeboten. Für die Altenhilfe besteht das Ziel darin, mit

Freude gemeinsam daran zu arbeiten, dass alte Menschen ein gutes Leben führen können – und die Betreuer, die Ärzte, die Therapeuten sowie die Angehörigen ebenso. Die alten Menschen werden nicht «verwahrt», sondern sollen so viel wie möglich am gesellschaftlichen Leben teilhaben. Das Heim, in dem ich tätig war, war deshalb mitten in der Stadt gebaut worden. Daran merkt man: Das Konzept ist Realität, es handelt sich nicht nur um Sprüche, die im Prospekt gut wirken. Das Ganze mag modern klingen, irgendwie alternativ. Doch die Gaggenauer sind ihrer Zeit offenbar voraus gewesen: Den Verein gibt es schon seit über 40 Jahren. Zudem haben sie ein Pflegebündnis gegründet, in dem viele Einrichtungen vertreten sind. Sie tauschen sich aus und veranstalten gemeinsam Aktionen zur Information über Alter und Pflege.

Was mir sofort auffiel: Der Führungsstil der Einrichtungsleitung und der Geschäftsführung entsprach genau dem, was in der «Philosophie» angekündigt war. Sie schätzen die Mitarbeiter und respektieren ihre Arbeit. Jeder wird ausdrücklich ermutigt, sein Potenzial zu entfalten und seine Kompetenzen anzuwenden, anstatt stur seinen Dienst nach einem schematisch erstellten Plan zu verrichten. Jeder hat genügend Raum, um sich auf die Menschen zu konzentrieren und im Team das zu tun, was sinnvoll für jeden einzelnen Bewohner und seine Angehörigen ist. Ich habe mich von Anfang an wohlgefühlt, das änderte sich auch nicht im Verlauf der sechs Monate, die ich in der Einrichtung arbeitete. In manchen Momenten bereute ich, nicht schon viel früher meinen vorherigen Job aufgegeben zu haben. Das war dort einfach eine ganz andere Welt.

Die Gaggenauer Altenhilfe veranstaltete regelmäßig Info-Abende für Altenpflegeschüler aus dem Umkreis, um ihnen zu zeigen, wie gut Pflege sein kann. Ich wurde gefragt, ob ich einen Vortrag halten und meine Sicht darstellen wolle, meine Erfahrungen als Influencer. Klar wollte ich! Der Radiosender SWR war auch dabei. Diese Anfrage verdeutlichte mir zusätzlich, dass es hier ein aufrichtiges Interesse an den Mitarbeitern gab, das auch gelebt wurde.

Der Hit war, dass ich in Gaggenau sogar ins Fernsehen kam, nämlich in der von Pro7 ausgestrahlten Reihe «Taff Heroes», in der «Helden des Alltags» präsentiert werden. Ich wurde parallel mit einer Assistenzärztin im Krankenhaus porträtiert. Es war reiner Zufall, dass die Redaktion mich gefunden hatte. Die suchte jemanden aus der Pflege, googelte zum Thema und stieß dabei auf meine Seite. Worum ging's in diesem Film? Einfach darum zu zeigen, wie der Alltag einer Pflegekraft, mein Alltag, in einem Heim abläuft. Wie mein Dienst organisiert ist, warum jeder Tag in der Altenpflege anders ist, wie wir mit den demenziell erkrankten Bewohnern zurechtkommen – und vor allem, wie schön die Arbeit mit den alten Menschen ist. Ich war hellauf begeistert, es passte einfach alles zusammen. Das Heim war toll, die Kollegen wunderbar, und ich bekam auch noch ein Forum, auf dem ich für uns alle eintreten und einen positiven Beitrag zum Image der Altenpflege leisten konnte. Besser geht's doch nicht, oder?

Meine nächste Station, eine Reha-Klinik, war auch sehr aufschlussreich und nützlich für meine Arbeit als Altenpfleger. Mittlerweile habe ich in verschiedenen Altenheimen in Bayern, Baden-Württemberg und Rheinland-Pfalz gearbeitet, außerdem in der Unfallchirurgie eines Krankenhauses. Überall sammele ich neue Erfahrungen, ich lerne jeden Tag dazu.

Ende 2019 arbeitete ich in einer vollstationären Einrichtung für Menschen mit psychischen Erkrankungen in Schopfloch in Baden-Württemberg. Das war wieder etwas völlig anderes als alles, was ich bisher gemacht hatte. Aber ich merkte schnell, dass ich mit einer unvoreingenommenen Zugehensweise auch dort gut zurechtkam. Ob psychisch gesund oder krank: Jeder Mensch ist einzigartig, und wenn er Hilfe benötigt, dann muss sie eben auch individuell und besonders sein. Und diese Art Pflege kann man am besten dort praktizieren, wo dieses Prinzip von allen gelebt wird. Damals in Schopfloch ist mir wieder ganz deutlich geworden, wie sehr die Atmosphäre einer Einrichtung davon bestimmt wird. Träger dieses und einiger Senioreneinrichtungen ist das Familienunternehmen Maier. Die Leitung wirbt damit, dass das gesamte Team in der täglichen Arbeit Fairness, Menschlichkeit und Professionalität verbindet. Das sagen natürlich viele Anbieter von Pflegeleistungen von sich, aber dort stimmte es. Ich erlebte selbst hautnah mit, wie gut die Abläufe funktionierten und wie freundlich die Pflegekräfte mit den Bewohnern umgingen – ebenso untereinander.

Einen großen Einfluss darauf hatte der Chef selbst. Er bestärkte sämtliche Kräfte darin, dass sie eine gute, sinn- und verantwortungsvolle Arbeit leisten. Es ist immer dasselbe, so viel Rückendeckung wirkt Wunder! Dabei sollte es doch selbstverständlich sein. Mein Einsatz dort bestätigte mir wieder einmal, dass es viele gute Einrichtungen gibt. Aber die führen ein mediales Schattendasein. Berichtet wird nur über die schlechten Heime, die Katastrophen und Probleme. Deshalb bin ich froh, hier zwei Einrichtungen bzw. Träger, stellvertretend für alle anderen guten, positiv hervorheben zu können.

Bei meinen vielen verschiedenen Einsätzen hat mir vor allem die Arbeit im Krankenhaus noch mal ins Bewusstsein gerufen, wie unterschiedlich die Voraussetzungen sind, unter denen in der Medizin und der Altenpflege gearbeitet wird. Auch deshalb halte ich es für sinnlos, die generalisierte Ausbildung einzuführen, bei der die Pflegeberufe (Kranken-, Alten- und Kinderpflege) über große Strecken gemeinsam ausgebildet werden. Ich habe meine Zweifel an anderer Stelle bereits erwähnt. Ein fundamentaler Unterschied besteht darin, dass der Patient sich im Krankenhaus vorübergehend aufhält, so kurz, wie es nur eben geht. Das Ziel ist klar, man will so schnell wie möglich gesund werden und nach Hause. Das Altenheim hingegen ist das Zuhause seiner Bewohner. Und das bleibt es, bis man seine letzte Reise antritt.

Aus diesem Unterschied ergibt sich eine Reihe von Konsequenzen. Im Krankenhaus geht es um einen zentralen Wert, um die Gesundheit. Im Heim dagegen sind Kleinigkeiten von großer Bedeutung. Die Dinge, die die Lebensqualität verbessern. Ein Beispiel: Im Altenheim ist das Kämmen der Bewohnerinnen und Bewohner ganz wichtig, es trägt zu ihrem Wohlbefinden bei. Wir übernehmen es für sie, wenn sie es allein nicht mehr schaffen. Im Krankenhaus spielt das Kämmen nur eine geringe Rolle, dort geht es um Diagnosen, um Genesung, das Vermeiden von Infektionen usw. Wie die Haare aussehen, spielt in diesem Kontext wirklich keine Rolle. Im Altenheim jedoch geht man davon aus, dass ein gepflegtes Aussehen zur Würde des Menschen beiträgt. Als ich während meines Einsatzes im Krankenhaus einer älteren Dame beim Waschen half und ihr dabei auch die Haare kämmte, seufzte sie vor Begeisterung. Da sie nicht mehr in der Lage war, die Arme über den Kopf zu heben, konnte sie das Kämmen nicht selbst erledigen, und in den Tagen zuvor hatte es offenbar auch kein anderer für sie übernommen. Die sanfte Berührung tat ihr gut, aber auch das Gefühl, wieder vorzeigbar auszusehen. Keine Kranke zu sein, sondern eine alte Dame, die trotz ihrer Einschränkung ansehnlich war.

Im Krankenhaus ist das Verständnis für das Alter generell nicht so ausgeprägt wie bei uns, der Schwerpunkt liegt eben woanders. Nur damit keine Missverständnisse entstehen: Ich spiele hier keine Institution gegen die andere aus, sondern möchte lediglich betonen, dass die Kranken- und die Altenpflege vollkommen unterschiedliche Zielsetzungen verfolgen und beide Seiten nur teilweise die Aufgaben der jeweils anderen ermessen und übernehmen können. Natürlich gibt es Berührungspunkte, doch kann man die Berufe kaum miteinander verknüpfen, auch wenn in beiden Bezeichnungen das Wort «Pflege» vorkommt. Weil der Politik aber der Einblick fehlt, entstehen dann solche Ideen wie die generalisierte Pflegeausbildung, die helfen soll, die Berufe attraktiver zu machen und mehr Nachwuchs anzuziehen. Das Problem: Die Ausbildungszeit wird nicht dazu ausreichen, wirklich fundierte Kenntnisse in allen Bereichen (die Kinderkrankenpflege gehört auch noch dazu) zu erlangen. Ich fürchte, es läuft darauf hinaus, dass weder die Kompetenzen der Krankenpflege noch die der Altenpflege richtig entfaltet werden können. Und damit täte man nun wirklich niemandem einen Gefallen.

UND ANDERSWO?
EIN BLICK ÜBER DEN ZAUN UND
WAS WIR FÜR DEUTSCHLAND
DARAUS LERNEN KÖNNEN

■ ■ ■

Es gibt sicher einige Studien, die die Pflegesysteme im europäischen oder vielleicht sogar weltweiten Vergleich darstellen. Damit kann ich hier nicht dienen, ich bin ja kein Gesundheitswissenschaftler. Aber einen persönlichen Eindruck von dem einen oder anderen Land habe ich schon. Ich finde, es tut ganz gut, mal einen Blick über den Gartenzaun zu werfen und zu sehen, was bei den Nachbarn so vor sich geht. Es hilft dabei, die Situation in Deutschland einzuschätzen und sowohl die positiven als auch die negativen Seiten zu erkennen. Und zur Ergänzung beleuchte ich kurz, welche Gesichtspunkte des dänischen und des niederländischen Systems für uns interessant sein können, auch wenn ich keine persönlichen Erfahrungen damit habe.

2018 war ich mit meiner Chefin in Zadar in Kroatien. Sie hält zu einigen Pflegeheimen dort Kontakt, es gibt einen regen Austausch. Die kroatische Seite ist an der Funktionsweise der deutschen Pflege interessiert, eventuell wird es auch mal einen Austausch von Pflegekräften geben. Jedenfalls habe ich damals viele interessante Gespräche mit kroatischen Kolleginnen und Kollegen geführt.

Es gibt private Pflegeheime in Kroatien, die für dortige Verhältnisse relativ «luxuriös» sind. Deshalb ziehen sogar Senioren aus Deutschland in das rund 800 Kilometer entfernte Land. Wer hier bei uns keinen Heimplatz findet oder Geld sparen will, ist in Kroatien vielleicht besser bedient – wenn man von den Sprachproblemen und manch anderem absieht, etwa dass man all seine Freunde und Verwandten zurücklässt. «Pflege-Auswanderer» nennt man die Senioren, die nur wegen der günstigeren Pflege ins Ausland ziehen. Für den Durchschnittskroaten sind die Preise dieser privaten Heime so hoch, dass er sich einen Aufenthalt dort nicht leisten kann. Es gibt natürlich auch Einrichtungen, die von der öffentlichen Hand geführt werden, allerdings sind es deutlich weniger als bei uns. Ich staunte nicht schlecht, als ich erfuhr, dass es in Zadar nur ein einziges Pflegeheim gibt. In der Stadt wohnen immerhin rund 75 000 Menschen, der Bedarf ist also deutlich höher. Man sagte mir, dass die Wartezeit auf einen Platz sieben bis acht Jahre beträgt! Das wäre bei uns unvorstellbar. Zum Vergleich: Geht man auf die Internetseite der Stadt Bamberg, die ungefähr gleich viele Einwohner hat wie Zadar, und sucht nach vollstationären Pflegeheimplätzen, werden neun Einrichtungen verschiedener Anbieter angezeigt. Das sagt noch nichts darüber aus, ob man auch sofort einen Platz bekäme, aber die Aussichten sind doch deutlich besser als in Zadar.

Als ich das kommunale Pflegeheim in Zadar besichtigte, wurde mir noch mal deutlich bewusst, auf welch hohem Niveau sich die Pflege hier in Deutschland befindet. Auch wenn man über manches schimpfen kann und vieles nicht klappt: Die Qualität bei uns ist sehr gut. Das fängt schon bei der Ausstattung an. Wenn wir hierzulande ein Zimmer betreten, selbst in einem der preiswerteren Altenheime, wirkt alles solide, stabil, gut in Schuss. In dem kroatischen Heim war das nicht so. Ich will damit nicht sagen, dass es schmutzig und verwahrlost war, das war es nämlich ganz und gar nicht. Doch das wenige Mobiliar, das es gab, war abgenutzt oder stand auf wackligen Füßen, die Wand-farbe war bestimmt schon seit zehn Jahren nicht mehr aufgefrischt worden und die Nasszelle befand sich am Ende des Flurs. Nur wenige Zimmer hatten ein Bad, nicht immer mit Toilette. Es war ziemlich verwohnt. Doch das Wichtigste: Natürlich waren die Räume, die ich mir an-sah, keine Einzelzimmer, auch keine Doppelzimmer. Sie waren jeweils mit drei Leuten belegt. Das ist schon hart. Bei uns gibt es fast immer bereits dann ein Problem, wenn sich jemand ein Zimmer mit nur einer anderen Person tei-len muss, und sei es auch nur vorübergehend. Das wird ge-radewegs als Zumutung aufgefasst. Doch dort leben drei Menschen in einem Raum, der nicht besonders groß ist. Privatsphäre? Fehlanzeige. Dennoch ist es besser, als im Alter krank und auf sich allein gestellt zu sein. Die Menschen machten übrigens keinen besonders unglücklichen Eindruck auf mich. Dort ist es eben normal so, und man gibt sich mit dem zufrieden, was möglich ist. Bei uns fällt es dagegen schon unangenehm auf, wenn die Bettdecke nicht ganz glatt gezogen ist. Ich will die Uhr nicht zurückdrehen oder solche Verhältnisse befürworten, außerdem habe ich ja selbst einiges an den hiesigen Zuständen zu kritisieren. Aber es schadet trotzdem nicht, sich klarzumachen, dass wir hier in Deutschland in mancherlei Hinsicht auf sehr hohem Niveau klagen.

Auch in Spanien, genauer auf Gran Canaria, habe ich mich ein wenig umgeschaut, und zwar im Rahmen einer filmischen Dokumentation von rechtsdepesche.de. Anlass dafür war eine Weiterbildungsmaßnahme, an der rund 60 Fachkräfte aus Deutschland teilnahmen. Ich wurde vorgestellt als «bekanntester Altenpfleger Deutschlands». Die Weiterbildung war sehr ergiebig, ich habe einige hochinteressante und anregende Einblicke gewonnen. Der gravierendste Systemunterschied zwischen Deutschland und Spanien besteht wohl darin, dass wir eine Pflegeversicherung haben, die Spanier nicht. Die Arbeitslosigkeit war in den letzten Jahren aufgrund der Wirtschaftskrise sehr hoch, eine zusätzliche Belastung des Einzelnen beziehungsweise des Staates erschien daher unmöglich. Die Gehälter in Spanien sind niedriger als bei uns, das heißt für die alten Menschen, dass sie weniger Rente bekommen, und für die jungen, dass sie aus finanziellen Gründen ihre Angehörigen kaum in öffentlichen oder privaten Heimen unterbringen können. Nicht einmal ambulante Pflegedienste sind in größerem Umfang vorhanden. Die kann sich einfach niemand leisten. Es werden nur die absoluten Notfälle vom spanischen Roten Kreuz ambulant versorgt.

Pflege fußt in Spanien zum allergrößten Teil auf dem Engagement der Familie – nicht nur aus finanziellen, sondern auch aus kulturellen Gründen. Die Kinder stehen für ihre Eltern ein, die Geschwister kümmern sich gegebenenfalls reihum um die alten Eltern und übernehmen schicht- oder wochenweise die Versorgung. Dass das jedoch auf Dauer so bleiben wird, ist zu bezweifeln. Spanien weist aufgrund der schwierigen wirtschaftlichen Lage die niedrigste Geburtenzahl in der Europäischen Union auf, eine pessimistische Prognose erscheint angebracht.

Wir besuchten im Rahmen des Besichtigungsprogramms ein städtisches Heim in Las Palmas. Das Haus selbst wirkte ein bisschen kühl, eher wie ein Krankenhaus als ein Altenheim. Was mir und den Teilnehmern der Fortbildung aber direkt auffiel: Die Pflege war super herzlich! Die Atmosphäre, die die Mitarbeiter schufen, und der Umgang mit den Bewohnern waren beeindruckend. Alles geschah in großer Ruhe, es war keine Hetzerei spürbar, die Beziehungen wirkten vertraut und stabil. Mich als Pfleger interessierten natürlich auch die Arbeitsbedingungen: Die Pflegekräfte arbeiten in der Regel fünf oder sechs Tage am Stück und haben dann einen beziehungsweise zwei Tage frei. Und der Dienstplan steht ein Jahr im Voraus fest. Davon können wir hier nur träumen!

Kleine Nebenbemerkung: Mich hat ein bisschen gestört, dass das Heim die Speisen nicht selbst zubereitete, sondern angelieferte, in Plastikfolie gepackte Mahlzeiten servierte. Das bewährt sich meiner Meinung nach nie. Am Essen hängt extrem viel, nicht nur im Hinblick auf eine gesunde Ernährung, sondern auch in Bezug auf die Lebensfreude. Kein Cateringservice kann so individuell und frisch liefern wie ein eigenes Küchenteam. Und dass es am Ende wirklich preiswerter ist, auf angestellte Küchenteams zu verzichten und stattdessen einen Lieferanten zu beauftragen – das ist keineswegs sicher.

Das städtische Heim war aufgrund des knappen Budgets sehr stark auf die Unterstützung durch Freiwillige und Angehörige angewiesen, nicht nur in Dingen der pflegerischen Versorgung. Die Einrichtungsleiterin nannte uns ein Beispiel. Sie wollten IT-Kurse für die Bewohner anbieten, aber es war natürlich undenkbar, aus den geringen Haushaltsmitteln auch noch die Anschaffung von Computern zu finanzieren. Also bat man die freiwilligen Helfer, sich nach Rechnern umzuhören oder ihre eigenen zu spenden. Und das klappte prima. Mit den gespendeten Rechnern konnten die Kurse für die Senioren eingerichtet werden, die sich großer Beliebtheit erfreuen. Genauso fragen die Mitarbeiter, wenn sehr arme Menschen ohne Familie einziehen, ob die anderen eventuell mit Kleidung aushelfen können. Auch die Hinterbliebenen von Verstorbenen werden gefragt, ob sie deren Kleidung und das Mobiliar, soweit vorhanden, spenden möchten. Die Solidarität unter den Menschen ist groß. Dieses mitmenschliche Handeln hat mich sehr berührt.

Auch ein Besuch in einem privaten Heim Gran Canarias stand auf dem Programm. Es wird von einem Deutschen geleitet. Ähnlich wie in dem kommunalen Heim arbeitet man dort bevorzugt interdisziplinär. Physiotherapeut, Pflegefachkraft, Krankenschwester, Arzt und weitere Fachkräfte entwickeln gemeinsam das Maßnahmenkonzept, das für den jeweiligen Bewohner am besten ist. Das scheint auch bei den demenziell Erkrankten so gehandhabt zu werden. In Deutschland werden bestimmte Demenzkonzepte oder -modelle angewendet. In dem spanischen Heim ist es so, dass sich der Psychologe mit jedem Fall einzeln beschäftigt und dann dem Team erklärt, welches Vorgehen er für sinnvoll hält.

Ein großer Unterschied zwischen dem städtischen und dem privaten Heim bestand darin, dass die Angestellten in der städtischen Einrichtung nur einen befristeten Vertrag hatten. Jedes Jahr werden die Positionen neu ausgeschrieben, niemand weiß, ob er seinen Job wieder zurückbekommt. Wer seine Arbeit gut erledigt, braucht sich sicherlich keine Sorgen zu machen. Dennoch kann ich mir vorstellen, dass ein gewisser Druck entsteht und daher vielleicht auch die Fluktuation höher ist. Wenn irgendwo die Chance auf einen dauerhaften Vertrag winkt, zögert man dann nicht lange, seinen bisherigen Arbeitsplatz zu verlassen. In dem privaten Heim hingegen gab es unbefristete Verträge, jeder konnte also langfristig planen.

Wie gesagt, die Besuche in den beiden Heimen sind in keiner Weise repräsentativ für die Altenpflege in Spanien. Aber ich meine, aussagekräftig sind sie trotzdem. Denn es wurde sehr deutlich, dass die Menschen im Mittelpunkt der Pflege stehen, dass es darum geht, ihnen einen schönen Lebensabend zu gestalten und nicht darum, seitenlange Dokumentationen zu verfassen und Vorschriften auswendig zu lernen.

Eigene Erfahrungen mit unseren nordischen Nachbarn habe ich nicht, aber weil das dänische System als vorbildlich gilt, findet man dazu viele Informationen, auf die es sich lohnt, einen Blick zu werfen. Die Unterschiede sind gravierend und von grundsätzlicher Art. Ganz simpel dargestellt: In Deutschland zahlt die Pflegekasse Geld, wenn ein alter Mensch krank oder in seinen Fähigkeiten eingeschränkt ist. Je schlechter er dran ist, umso mehr bekommt er. Das klingt vielleicht erst mal logisch, es lässt aber einen Aspekt vollkommen außer Acht. Pflegebedürftigkeit ist ja meistens kein Zustand, der von heute auf morgen eintritt, unvorhergesehen und unvermeidbar. Wenn kein schwerer Unfall vorliegt, dann baut sich Pflegebedürftigkeit sukzessive auf, unter Umständen noch gefördert durch ein einzelnes Ereignis wie einen Sturz. Es wäre also sinnvoll, bereits bei den ersten Anzeichen von Schwierigkeiten einzugreifen und zu unterstützen. Das ist im deutschen System aber so gut wie gar nicht vorgesehen. Dass Pflegebedürftigkeit vermieden oder zumindest verzögert wird, dafür gibt der Staat nämlich kein Geld oder kaum etwas. Damit setzt er im Grunde die falschen Anreize. Auch wenn man jedem Einzelnen unterstellen darf, dass er lieber gesund als krank ist: Finanziell lohnt es sich nicht, sich vorsorglich zu verhalten. Das nenne ich einen systematischen Fehler.

In Dänemark hingegen genießt Prävention oberste Priorität. Jeder Däne und jede Dänin hat im Alter von 75 Jahren Anspruch auf einen Hausbesuch von einem Gutachter. Der Besuch muss nicht beantragt werden, die Gemeinde bietet ihn von selbst an. Da das Angebot Standard ist, liegt die Hemmschwelle für die Betreffenden niedrig. Es hat nichts Diskriminierendes, diesen Besuch in Anspruch zu nehmen. Das Ziel besteht darin, herauszufinden, ob der ältere Mensch bei irgendwelchen Tätigkeiten unterstützt werden kann. Bekommt jemand die kontinuierliche Einnahme seiner Medikamente nicht in den Griff? Hat er im Winter Probleme, regelmäßig vor die Tür zu gehen? Benötigt er Hilfe beim Anziehen? Oder im Haushalt? Täglich oder nur ab und zu? Es wird bei jedem Einzelnen geschaut, was bei ihm nötig ist. Der Hilfebedürftige wird nicht in ein Schema von Pflegegraden gepresst, in dem einer vielleicht so ungefähr auf ihn zutrifft. Wo Hilfe erforderlich ist, wird sie organisiert und von der Kommune bezahlt.

Diese Hilfe wird also ganz individuell gestaltet. Das erfordert natürlich auch Vertrauen in die Leistung der Fachkräfte. Sie sollen flexibel handeln, den Überblick auch in diesem offenen System behalten und das tun, was in der jeweiligen Situation sinnvoll ist. Hätten wir so etwas hier in Deutschland, würde wahrscheinlich die Hälfte der Zeit mit der Erfüllung von Dokumentationspflichten verstreichen – was ja nicht heißt, dass in Dänemark nichts aufgeschrieben und eventuell kontrolliert wird. Aber die Bürokratie ist nicht das Maß der Dinge, darin besteht der entscheidende Unterschied.

In Dänemark scheint die Wertschätzung für alte Menschen zweifellos stärker ausgeprägt als bei uns. Doch auch dort wird dieses System nicht aus reiner Nächstenliebe aufrechterhalten. Prävention lohnt sich für das Pflegesystem beziehungsweise den Staat. Denn ein Heimplatz ist immer teurer als ambulante Alternativen. Je länger die Leute zu Hause bleiben können, umso besser. Das kommt sicherlich den meisten entgegen. Insofern ist es keine unbillige Härte, wenn die alten Menschen dazu aufgefordert werden, sich so lange wie möglich selbst zu versorgen und die Unterstützung, die geleistet wird, nicht als Vollversorgung misszuverstehen.

Das Prinzip der Selbsthilfe ist seit 2015 sogar gesetzlich festgelegt. Liegt eine Einschränkung vor, unterstützt der Staat die alten Menschen mit einem sogenannten Rehabilitationsverlauf dabei, ihren Alltag zu bewältigen. In dieser Phase, die bis zu zwölf Wochen dauern kann, helfen Fachkräfte aus der Physiotherapie, Ergotherapie und anderen Disziplinen, den Alltag so zu organisieren, dass man weiterhin zu Hause leben kann. Sie beraten auch zur Wohnungseinrichtung, damit Stürze vermieden werden, und gehen individuell auf die Bedürfnisse der betreuten Menschen ein. Das ist immer sinnvoll, aber besonders wichtig nach Krankenhausaufenthalten, wenn die Menschen vielleicht unbeweglich und auch ein wenig ängstlich sind. Mit der kommunalen Unterstützung haben sie genügend Zeit, um wieder zu Kräften zu kommen und ihr Selbstvertrauen zurückzugewinnen.

Auch wenn ambulante Versorgung preiswerter ist als stationäre, kostet sie natürlich viel Geld und benötigt viel Personal. In Dänemark ist die Altenpflege anders finanziert als bei uns, nämlich durch Steuergeld. Nicht nur deshalb, aber auch aus diesem Grund ist der Steuersatz dort sehr hoch. Das muss man berücksichtigen. Ob man hierzulande den Menschen eine Umschichtung der Mittel oder gar höhere Steuern zugunsten der Pflege vermitteln könnte, wage ich zu bezweifeln.

Ehe jetzt der Einwand erhoben wird, dass wir in Deutschland doch auch eine ambulante Versorgung haben: Ja, die haben wir, aber die wirkt nicht präventiv. Sie kann erst dann in Anspruch genommen werden, wenn eine mehr oder weniger massive Einschränkung vorliegt. Ich weiß nicht, woher es kommt, ob man jeden nur möglichen Fall in die gesetzlichen Formulierungen aufnehmen will oder ob es um eine lückenlose Kontrolle geht: Tatsache ist, dass die Beantragung der verschiedenen Unterstützungsleistungen quasi eine Ausbildung in Bürokratiewissenschaft erfordert. Der Pflegegrad spielt dabei die größte Rolle. Ohne den geht gar nichts. Es gibt fünf

Pflegegrade, ab Pflegegrad 3 ist häufig ein Aufenthalt im Altenheim nötig. Bleiben also noch zwei Grade, die für ein Leben zu Hause in Frage kommen. Einer der beiden muss auf den eingeschränkten alten Menschen gestülpt werden, damit er oder seine Angehörigen für ihn Geld bekommen.

Es ist eben ein Schema, mit allen Nachteilen, die so ein unflexibles Korsett mit sich bringt. Die Einstufung erfolgt nicht nach einem Gespräch oder einer Beratung wie in Dänemark, sondern durch eine Prüfung. Es wird festgestellt, was der Betroffene noch kann und was nicht. Selbst wenn alles ganz freundlich zugeht, ist es für ihn eine heikle Angelegenheit, da das Ergebnis entscheidenden Einfluss auf seine finanzielle Situation hat. Eigentlich möchte er wahrscheinlich beweisen, dass er noch ganz viele Dinge selbständig bewältigen kann. Aber im Hinblick auf das Geld sollte er sich als möglichst schwächlich darstellen. Das ist das Dilemma von starren Pflegegraden. Auch mit festgestelltem Pflegegrad muss übrigens jeder einen Eigenanteil für seine ambulante Versorgung übernehmen. Bei nachgewiesenen Finanzproblemen springt das Sozialamt ein.

Ein interessantes Modell ist Buurtzorg aus den Niederlanden. Der Name bedeutet so viel wie «Nachbarschaftshilfe». Buurtzorg existiert seit 2006 und hat mittlerweile einen Marktanteil von rund 20 Prozent. Die Grundidee besteht darin, dass ein älterer, hilfebedürftiger Mensch zunächst in seinem Umfeld bleibt und auch von diesem betreut wird, also von Familie, Nachbarn und Freunden –

unterstützt durch die Profis von Buurtzorg. Diese Profis, vornehmlich Pflegekräfte und -fachkräfte, aber auch Physiotherapeuten und andere, bilden Teams von bis zu zwölf Mitgliedern. Jedes Team betreut 40 bis 50 Hilfebedürftige in einer Nachbarschaft von rund 5000 bis 10000 Menschen, wobei die Patienten – in Holland werden sie «Kunden» genannt, auch um ihren Autonomiestatus zu betonen – immer feste Bezugspersonen haben.

Es wird stundenweise abgerechnet und nicht nach Verrichtung, das heißt, es gibt keine Laufzettel mit Aufgaben, die bei dem einen oder anderen Klienten abgearbeitet werden müssen. Gemacht wird, was nötig ist. Das kann auch ein gemeinsamer Besuch beim Hausarzt sein, ein Trauergespräch über den Tod eines engen Freundes oder die Beratung der Ehefrau, wie sie ihrem Mann am besten in die Kompressionsstrümpfe hilft. Oder die Fachkraft entwickelt Vorschläge, wie die Nachbarn sich einbringen können, um die Angehörigen zu entlasten. Auch das ist Zeit, die für den Pflegebedürftigen aufgewendet wird, selbst wenn er nicht direkt behandelt wird. Es steht nicht die mess- oder sichtbare Erkrankung im Vordergrund, sondern der Mensch in seiner Ganzheit, mit all seinen Problemen.

Der Gründer von Buurtzorg, Jos de Blok, war selbst in der Pflege tätig gewesen und litt darunter, dass das System schematische Leistungen wie am Fließband vorschrieb, die zu erledigen waren, egal ob sinnvoll oder nicht. Was nicht nur den Betreuten nichts nützte, sondern eben auch den Pflegekräften die Freude an ihrer Arbeit nahm. Die Situation der Pflegekräfte war ähnlich wie bei uns heute: permanente Frustration, ständige Hetze, keine Möglichkeiten für ganzheitliche Betreuung. Das Motto von Buurtzorg lautet «Menschlichkeit vor Bürokratie». Damit krempelte de Blok alles um. Die neue Zielsetzung veränderte das Konzept der Pflege von Grund auf. Das erste Team startete 2007 und bestand gerade mal aus vier Pflegekräften. Heute sind es rund 950 Teams mit 14 000 Mitarbeitern.

Die große Besonderheit des Modells besteht darin, dass die Teams sich selbst organisieren. Es gibt zwar eine zentrale Verwaltung, die sie bei der Organisation unterstützt, doch letztlich entscheiden sie vollkommen frei über ihre Vorgehensweise. Sich selbst organisierende Teams: Das bedeutet, dass es keine Leitung gibt. Das Team arbeitet selbständig, übernimmt gemeinsam Verantwortung und steht für seine Versprechen ein, sowohl in menschlicher als auch in ökonomischer Hinsicht. So ein Team ohne Chef ist beileibe kein lustiger Anarchistenclub, in dem der eine arbeitet, wenn ihm danach ist, während der andere sich ein Nickerchen nach dem anderen gönnt. Diese verantwortliche Eigenständigkeit muss jedes Teammitglied wollen und mit seinem Einsatz unterstützen. Das erfordert viel Engagement. Man kann seine Fehler nicht einfach auf «die da oben» abschieben oder sich beschweren, dass irgendwas nicht funktioniert. Man hat es selbst in der Hand, etwas zu verbessern.

Vielleicht ist so ein Anspruch nicht jedermanns Sache. Mancher richtet sich bestimmt gern in der Befehlsempfängerhaltung ein, nur damit er für nichts verantwortlich ist und immer sagen kann «ich war's nicht». Aber den meisten kommt dieses Erleben von eigener Selbstwirksamkeit doch wohl sehr entgegen. Ihnen wird etwas zugetraut, und sie können das anwenden, was sie gelernt haben – sowie das, was sie jeden Tag neu dazulernen und erleben. Der Krankenstand in den Buurtzorg-Teams ist sehr niedrig, er liegt bei vier bis fünf Prozent.[13] In der deutschen Altenpflege ist er ungefähr doppelt so hoch.[14] Das kann ja wohl kein Zufall sein.

Das Buurtzorg-Prinzip wird mittlerweile von Pflegeorganisationen in 25 Ländern angewendet. Auch in Deutschland gibt es Modellversuche dazu, die wissenschaftlich begleitet werden. Vieles spricht dafür, es auch bei uns einzuführen, selbst wenn die Voraussetzungen in den Niederlanden mit ihrer grundsätzlich offeneren und experimentierfreudigen Haltung besser sind als hierzulande. In Deutschland müssten sich alle ziemlich umstellen, vor allem gedanklich. Für die Politik wäre es ein wirklich radikaler Wandel, da sie ihren Regelungswahn überwinden müsste. Und die Versicherungen müssten von ihrer Sachleistungshonorierung weg. Ich bin gespannt, wie sich das weiter entwickeln wird.

Ein Zwischending zwischen ambulanter und stationärer Versorgung ist in Deutschland die Tagespflege. Pflegebedürftige Menschen, die nicht mehr über längere Zeit allein bleiben können, aber in der Nacht beispielsweise von Familienmitgliedern betreut werden, haben die Möglichkeit, den Tag oder einige Stunden in einem Heim zu verbringen. Prinzipiell keine schlechte Idee. Das Angebot erlaubt Angehörigen, weiter in ihrem Beruf zu arbeiten und sich nicht ganz und gar auf den Pflegebedürftigen konzentrieren zu müssen. Oder es gibt ihnen den Freiraum, sich auch um das eigene Wohlergehen zu kümmern. So weit, so gut. Nur geht auch die Tagespflege ganz ordentlich ins Geld, weshalb sie für die meisten keine längerfristige Lösung darstellen dürfte.

Damit man sieht, um welche Dimensionen es geht, ein Beispiel. Bei Pflegegrad 2 stehen pro Monat 689 Euro aus der Pflegekasse für die Tagespflege zur Verfügung (Stand August 2019). Die Kosten für einen Tag im Heim setzen sich etwa so zusammen, wie ich hier anhand eines willkürlich herausgegriffenen Heims in St. Leon-Rot in Baden-Württemberg darstelle: Tagessatz 51,50 Euro + Unterkunft und Verpflegung 11,05 Euro + investive Kosten 10,23 + Ausbildungsumlage 1,26 Euro. Macht zusammen 74,04 Euro am Tag, dazu kommen eventuell noch die Kosten für das Abholen der Pflegebedürftigen, je nach Entfernung 1,50 bis 6,00 Euro pro Tag, sowie gegebenenfalls ein Zuschlag für Rollstuhlfahrer in Höhe von 3,00 Euro pro Tag. Man kann mit den 689 Euro der Pflegekasse und dem sogenannten Entlastungsbetrag von 125 Euro also ungefähr zwei Tage in der Woche einen Tagespflegeplatz bezahlen. Besser als nichts, aber auch nicht viel besser als nichts.

Mal abgesehen von den Kosten: Tagespflege ist nicht immer einfach zu regeln. Manche Pflegebedürftige sind verwirrt, wenn sie zwei oder mehr Tage über Stunden nicht zu Hause sind. Sie kommen mit der Veränderung nicht gut zurecht. Gerade demenziell Erkrankte reagieren dann mit Unruhe, laufen herum und suchen die vertraute Umgebung. Das kann die anderen Tagesgäste stören, zumal wahrscheinlich nicht genug Personal vorhanden ist, das sich intensiv mit den unruhigen Menschen beschäftigen könnte. Immer mal wieder gibt es auch Berichte, dass in einigen Einrichtungen in der Tagespflege nichts mit den Menschen unternommen wird und sie nur ihre Zeit dort absitzen, bis sie wieder abgeholt werden.

Aber die Not ist groß, und deshalb sind trotz dieser Nachteile Tagespflegeplätze ein wachsendes Segment in der Pflege. Es gibt bundesweit rund 4500 Anbieter, ein Drittel davon wurde seit 2017 neugegründet. Daran erkennt man schon den Bedarf – und dass die Anbieter sich davon einiges versprechen. Statistisch gesehen stehen rund 62 000 Plätze zur Verfügung, allerdings sehr ungleich verteilt (Stand Mai 2018). Die neuen Bundesländer sind besonders gut mit Tagespflegeplätzen versorgt, die süddeutschen besonders schlecht. Das nicht sehr dicht besiedelte Mecklenburg-Vorpommern weist 204 Tagespflegeplätze je 10 000 Bewohner ab 75 Jahren auf. In Bayern sind es nur 59. Das sind statistische Werte, je nach Ort kann das noch ganz anders aussehen.[15]

Man kann gewiss nicht behaupten, dass die Politiker

nichts versuchen. Das Problem scheint vielmehr darin zu liegen, dass sie von der Lebenswirklichkeit der Menschen weit entfernt sind. Sie wissen einfach nicht, was gebraucht wird. Und wenn doch, wird eine Regelung von der Idee bis zur Durchführungsverordnung so lang hin und her gewendet und verkompliziert, dass irgendein Murks raus-kommt, den keiner will. Es gibt zum Beispiel das schöne Gesetz «zur besseren Vereinbarkeit von Familie, Pflege und Beruf» aus dem Jahr 2015. Es sieht vor, dass Menschen, die einen nahen Angehörigen pflegen, für bis zu sechs Monate ihre berufliche Tätigkeit unterbrechen oder Stunden reduzieren können, sodass sie mehr Zeit für die Pflege haben. Damit sie finanziell über die Runden kom-men, gewährt ihnen der Staat ein zinsfreies Darlehen. Es soll die Hälfte des Nettogehalts abdecken, das durch den Pflegeeinsatz nicht verdient werden kann.

Im Juni 2019 stellte die FDP eine Anfrage an die Bun-desregierung, wie sich das Darlehen bewährt und wie viele Menschen es in Anspruch genommen haben. Die erschüt-ternde Antwort: In vier Jahren haben gerade mal 921 Men-schen ein solches Pflegedarlehen beantragt, rund 200 pro Jahr. Und das bei 3,4 Millionen Pflegebedürftigen, von denen 75 Prozent zu Hause versorgt werden. Ein Schuss in den Ofen, kann man wohl sagen. Die Bundesregierung, die von 9700 Antragstellern ausgegangen war, hat letzt-lich also nur zehn Prozent jener Menschen erreicht, für die sie das Gesetz auf den Weg gebracht hatte. Mag sein, dass zu wenige von diesem Gesetz wissen. Nur dürfte das eigentlich nach vier Jahren kein überzeugendes Argument mehr sein. Vielleicht trägt auch die bürokratische Sprache ihren Teil zum Informationsdefizit bei. Eine Kostprobe dazu aus der Beschreibung des Bundesamts für Familie und zivilgesellschaftliche Aufgaben, bei dem der Antrag zu stellen ist: «Die monatlichen Darlehensraten werden in Höhe der Hälfte der Differenz zwischen den pauschalierten monatlichen Nettoentgelten vor und während der oben genannten Freistellungen gewährt.»[16] Da weiß man doch sofort Bescheid, oder etwa nicht?

Doch es ist nicht nur die mangelhafte, abschreckende Information, es ist auch das Gesetz selbst. Für einen praktisch veranlagten Menschen liegt der Misserfolg auf der Hand, wenn man sich anschaut, unter welchen Bedingungen dieses Pflegedarlehen in Anspruch genommen werden kann. Nur die Angehörigen von Pflegebedürftigen, die in einem Betrieb mit mehr als 15 Mitarbeiterinnen und Mitarbeitern arbeiten, können die sechs Monate Pflegezeit oder die Reduzierung von Stunden beantragen. Alle, die in kleineren Betrieben oder Geschäften mit weniger als 15 Angestellten tätig sind, haben also schon mal nichts davon. Außerdem ist der Gesamtpflegezeitraum auf 24 Monate begrenzt. Dauert die Pflegebedürftigkeit länger, hat man auch in finanzieller Hinsicht Pech gehabt. 40 Prozent der Angehörigen pflegen jedoch deutlich länger als zwei Jahre. Und wenn jemand die Bedingungen tatsächlich erfüllt und ein Darlehen bekommt, dann muss er sich ziemlich beeilen und es innerhalb von 24 Monaten zurückzahlen. Wie macht man das, wenn man sich weiterhin um den Pflegebedürftigen kümmern muss?[17]

Ein Darlehen ist meiner Ansicht nach sowieso nicht das Richtige. Warum wird man gezwungen, Schulden zu machen? Letztlich bleibt es dabei, dass die Familie die Lasten der Pflege tragen muss. Warum gibt es keine richtige Ersatzleistung, so wie beim Elterngeld? Wenn der Beginn des Lebens ein gesellschaftlich relevantes Ereignis ist, dann doch wohl auch das Ende.

INS HEIM? BLOSS NICHT!

■ ■ ■

Viele Menschen wehren sich heftig gegen die Vorstellung, ins Altenheim ziehen zu müssen. Den meisten ist bewusst, dass das der letzte Abschnitt ihres Lebens sein wird und danach nichts mehr kommt. Dennoch nehmen auch viele alte Menschen, vor allem, wenn sie sich schon früher mit der Endlichkeit des Lebens beschäftigt haben und möglicherweise auch aus religiöser Überzeugung, eine andere Haltung dazu ein, als man einfach so von außen wahrnimmt. Das darf man nicht außer Acht lassen.

Als gesunder, junger oder mittelalter Mensch kann man sich zudem nicht vorstellen, jemals in eine Verfassung zu geraten, in der man hilflos ist und sich nicht mehr selbst versorgen kann. Deshalb tun sich auch viele Angehörige so schwer damit, Vater oder Mutter «ins Heim zu geben». Die Angehörigen haben oft ein schlechtes Gewissen, sie glauben, einen Verrat zu begehen. Dabei muss man sich klarmachen, dass in vielen Fällen die Alternative Heim oder Zuhause gar nicht mehr besteht. Wenn eine Erkrankung oder Beeinträchtigung sehr weit fortgeschritten ist, scheidet die Möglichkeit, zu Hause zu bleiben, in der

Regel schlichtweg aus. Allein kommt man nicht zurecht, es besteht Verletzungsgefahr, man kann seinen Haushalt nicht mehr organisieren, wird vielleicht durch fahrlässige Handlungen zur Gefahr für sich und andere. Auch die soziale Vereinsamung kann erhebliche Auswirkungen auf einen Menschen haben. Oftmals können sich die Angehörigen gar nicht oder nur bis zu einem gewissen Grad um einen kümmern. Sei es, dass sie weit weg leben, sei es, dass die Wohnverhältnisse kein gemeinschaftliches Leben erlauben oder Ehepartner beziehungsweise Angehörige selbst schon nicht mehr ganz bei Kräften sind. Kann man verlangen, dass ein Sohn oder eine Tochter – meistens sind es Frauen, die pflegebedürftige Verwandte versorgen – sein beziehungsweise ihr Leben der Pflege eines anderen widmet, das eigene Leben dafür vielleicht aufgibt?

Sicher sind auch die Kosten für einen Heimplatz zu bedenken. Pflege und Betreuung werden zwar von den Pflegeversicherungen übernommen, doch Verpflegung, Unterkunft und eventuelle Zusatzkosten müssen die Bewohner beziehungsweise ihre Angehörigen selbst bezahlen. Im Durchschnitt beträgt der Eigenanteil in Pflegeheimen 1843 Euro pro Monat, wobei die tatsächlichen Summen je nach Bundesland sehr unterschiedlich sind. In Nordrhein-Westfalen erreicht der Eigenanteil im Durchschnitt 2349 Euro, in Sachsen ist er mit 1231 Euro am niedrigsten.[18] Das ist eine ordentliche Stange Geld. Diese Last muss man unter Umständen nicht allein tragen, es gibt Hilfe zur Pflege vom Sozialamt, doch zunächst mal ist man selbst gefragt. Im August 2019 verabschiedete die Bundesregierung einen Gesetzentwurf für die finanzielle Entlastung von unterhaltspflichtigen Angehörigen – mal sehen, was daraus wird. Man sollte sich aber auch nicht täuschen und nur auf die vermeintlich zu hohen Kosten für den Heimaufenthalt schauen: Pflege zu Hause ist auch nicht umsonst, der Preis wird nur anders gezahlt.

Abgesehen von der Furcht vor den Kosten besteht wahrscheinlich der stärkste Vorbehalt gegen den Einzug in eine Pflegeeinrichtung darin, dass man seine gewohnte Umgebung verlassen muss, das Haus oder die Wohnung, in der man vielleicht Jahrzehnte gelebt hat. Mit dieser gravierenden Veränderung gibt man scheinbar auch seine Autonomie auf. Es wird einem ein zeitlicher Ablauf auf-gedrückt, der nicht unbedingt den eigenen Vorlieben ent-spricht. Und man lebt mit Menschen zusammen, die man sich nicht selbst als Gemeinschaft ausgesucht hätte. Für viele wirkt auch der Gedanke abschreckend, von fremden Leuten angefasst und gepflegt zu werden. Das erscheint im Vorhinein wie eine Verletzung der Intimsphäre. Sie befürchten, Leuten ausgeliefert zu sein, die respektlos oder grob mit ihnen umgehen. Ich kann das alles nach-vollziehen, nur: Das ist nicht ganz sauber gedacht. Denn wenn ein Einzug in eine Pflegeeinrichtung anstehen könnte, ist die Autonomie ja bereits eingeschränkt. Das vergisst man mitzudenken, wenn man sich in jüngeren Jahren sein eigenes Leben oder das seiner Eltern im Heim vorstellt.

Die meisten Menschen in einer Pflegeeinrichtung haben Pflegegrad 3 oder höher. Pflegegrad 3 bedeutet: Man ist demenziell erkrankt oder körperlich stark eingeschränkt. Eventuell braucht man nachts eine Betreuung. Vielleicht kann man nicht mehr allein bleiben, weil man sonst orientierungslos auf die Straße ginge. Oder man kann nicht mehr ohne Hilfe die Toilette aufsuchen. Oder man ist, vielleicht auch nur vorübergehend, bettlägerig, und es besteht die Gefahr des Wundliegens, da man sich nicht mehr selbständig im Bett drehen kann. Das ist normalerweise der «beste» Zustand, in dem man ins Heim kommt. Bei Pflegegrad 4 und 5 sieht es entsprechend schlechter aus. Die Autonomie, die man als gesunder Mensch vor Augen hat, existiert im vollen Umfang gar nicht mehr. Man ist auf die Hilfe anderer angewiesen.

Daraus darf man jedoch nicht schließen, dass dieses Leben für den Betroffenen nichts mehr wert ist. Viele Pflegebedürftige erkennen auch in einer gewissen oder sogar sehr weitgehenden Abhängigkeit noch ihre eigene Selbständigkeit, sie empfinden ihr Sein als gut und lebenswert. Sie genießen die Gemeinschaft anderer, sie sind in gewissem Umfang geistig oder körperlich aktiv, sie «vegetieren» nicht dahin. Es beweist Unwissenheit und vielleicht sogar eine gewisse Arroganz, wenn ein jüngerer, fitter Mensch das nicht sehen will. Jugend und Gesundheit sind kein Verdienst, und Alter ist weder eine Schande noch eine Katastrophe.

Im Übrigen: Es gibt sehr viele gut geführte Einrichtungen, die den Bewohnern ein weitgehend selbstbestimmtes Leben ermöglichen. Bei ihnen gehört es zu den obersten Grundsätzen, den Menschen ein Zuhause zu bieten und keine Verwahrstation zu sein. In solchen Pflegeheimen muss man beispielsweise nicht zu einer bestimmten Uhrzeit aufstehen, nur weil ein Plan das so vorgäbe. Stattdessen steht einem ein Korridor von drei Stunden oder mehr zur Verfügung. Der Betrieb wird so organisiert, dass die Pflegekräfte darauf Rücksicht nehmen können. Vielleicht kommt mal was Unvorhergesehenes dazwischen, aber grundsätzlich funktioniert es gut. Meist kann man sogar seine Möbel von zu Hause mitnehmen und das Zimmer so einrichten, wie man will. Natürlich wird es schwierig mit dem fünf Meter langen alten Wäscheschrank aus Eiche, den man vielleicht noch von seiner Großmutter hat. Aber darauf lässt sich dann häufig doch verzichten. Und wenn eine Frau nicht von einem Mann gepflegt werden will: Selbst das kann in guten, nicht einmal unbedingt privat geführten Einrichtungen organisiert werden.

Auch das Essen muss wie gesagt keine langweilige Einheitspampe sein. Heime, die eine eigene Küche haben und nicht von Caterern beliefert werden, können flexibel auf Wünsche der Bewohner eingehen. Wer eine Leberwurst zum Frühstück braucht, weil er sonst den ganzen Tag über nicht froh wird, der bekommt sie. Möglicherweise nicht genau die Marke, die er selbst gekauft hätte, aber er bekommt ein Stück Leberwurst. Das Heim zeigt sich flexibel, der Bewohner sollte es auch sein. Dann klappt's.

Manchmal lebt jemand zu Hause, obwohl er in schlechtem Zustand ist. Weil er sich mit Händen und Füßen gegen den Vorschlag wehrt, ins Heim zu ziehen, und weil die Angehörigen versprochen haben, ihn nie dorthin zu bringen. Oder weil sie einfach aufgrund von Vorurteilen und falschen Vorstellungen glauben, dass sie es nicht dürfen, weil sie ihn damit in die Hölle bringen und sein schnelles Ende herbeiführen würden. Mir tut es leid, wenn ich so etwas miterlebe. Denn die Folgen sind unangenehm und traurig, für alle Beteiligten. Ich weiß, es hängt viel von der Qualität der Einrichtung ab, aber generell ist der Gedanke, dass ein Leben in einer Pflegeeinrichtung der Verdammnis gleichkommt, Quatsch. Dennoch ist er vielfach vorhanden und erhält mit jeder Skandalnachricht aus einem Heim neue Nahrung.

Die Psychodynamik zwischen Eltern und Kindern oder auch zwischen Ehepartnern ist oft kompliziert. Gerade im Alter kann sie sich noch einmal stärker verändern, zum Guten oder zum Schlechten. Alte Menschen werden keine Heiligen, nur weil sie älter werden, und Jüngere nutzen manchmal eine Chance, um frühere Verletzungen heimzuzahlen. Viele psychische Faktoren spielen im Zusammenleben eine Rolle, und wenn die Beziehungen früher schon angespannt waren, kann es richtig unangenehm werden. Ich drücke mich sehr vorsichtig aus, um niemandem auf die Füße zu treten und vor allem um jeden Verdacht einer pauschalen Beschuldigung zu vermeiden. Doch ich habe gelegentlich beobachten können, dass der

bevorstehende oder bereits stattfindende Heimaufenthalt als Drohung beziehungsweise als Erpressungsmittel
benutzt wurde. Im Sinne von: «Wenn du weiterhin so
garstig bist, dann müssen wir dich ins Heim geben.» Oder
von der anderen Seite: «Du hast mich hier hingebracht, du
bist schuld, dass es mir nicht gutgeht.» Das ist schlimm.
Das zerstört die Beziehung auf jeden Fall, wenn sie nicht
schon vorher kaputt war. Es geht dann nicht mehr um Vertrauen und Wohlwollen, sondern um Dominanz. Der eine
beherrscht den anderen. Wir als Altenpflegekräfte können
diese zerstörten Beziehungen nicht heilen, wir sind keine
Therapeuten. Aber wir können darauf hinweisen, dass ein
solches Verhalten auch uns das Leben schwermacht, weil
es mit Vorurteilen und falschen Behauptungen den Aufenthalt in einer Pflegeeinrichtung in ein schlechtes Licht
rückt. Auch die, die mit den persönlichen Konflikten der
Betreffenden gar nichts zu tun haben, leiden dann darunter.

Eine Kollegin sagte mir mal: «Die meisten Menschen
wissen, welche Stellknöpfe sie drücken müssen. Und der
Bedürftige sowieso. Er hat meistens den längeren Atem,
weil er sich im Recht fühlt. Weil er eh schon schlecht dran
ist, müssen die anderen ihre Pflicht tun. Und das heißt in
seinen Augen: tun, was er will.» Das trifft sicher nicht auf
alle Menschen zu, und auf jeden Fall würde ich es nicht so
scharf formulieren, aber ganz von der Hand zu weisen ist
diese Ansicht nicht. Manchmal sind Angehörige, oft Ehe-
frauen oder Töchter, bereits völlig ausgebrannt, wenn sie

ihren Mann oder Vater in eine Pflegeeinrichtung bringen. Sie haben ihn vielleicht jahrelang gepflegt und ihr eigenes Leben ganz weit nach hinten gestellt, bis es schon nicht mehr zu sehen war. Und dann sitzen sie weinend bei der Einrichtungsleitung, weil sie den Angehörigen «abgeben» müssen. Sie schämen sich und leiden Qualen wegen ihrer vermeintlichen Grausamkeit, obwohl sie wissen, dass es nicht mehr anders geht. Sie haben im Grunde den Punkt verpasst, an dem der Einzug ins Heim für alle erkennbar von Vorteil gewesen wäre. Nun haben sie ein Burn-out, möglicherweise sogar eine Depression. Und der neue Heimbewohner fühlt sich trotz dieser jahrelangen Opfer abgeschoben.

Das Leben in einer Pflegeeinrichtung kann für manche Menschen eine Bereicherung sein und für viele zumindest eine Verbesserung. Auch in Bezug auf die Einsamkeit, unter der ältere Menschen häufig leiden. Ich habe es oft erlebt, am intensivsten bei meinem Opa, weil er mir natürlich sehr nahesteht. Immer wieder schlug ich ihm vor, er solle sich doch überlegen, in eine Pflegeeinrichtung zu ziehen. Aber er lehnte die Idee, seine Wohnung aufzugeben, rundheraus ab und wollte nichts davon wissen. Sein Leben lang war er sein eigener Chef gewesen, der Big Boss der Familie. Er hatte stets das Sagen und machte genau das, was er für richtig hielt. Und nun sollte er ins Heim? Er zeigte mir einen Vogel. Es war nichts zu machen.

Ich betrachtete die Entwicklung mit Sorge. Er war 72 Jahre alt und wurde immer hinfälliger. Zweimal war er schon heftig gestürzt, das schwächte ihn zusätzlich. Außerdem vergaß er viele Dinge, zum Beispiel sich zum Schlafen ins Bett zu legen oder einkaufen zu gehen. Das hatte er stets zuverlässig getan, nicht nur um sich zu versorgen, sondern auch weil er bei den Kassiererinnen im Supermarkt immer seinen großen Auftritt hatte. Jede kannte ihn, er war der Star und sonnte sich in ihrer Bewunderung, machte seine Späßchen. Jetzt nicht mehr. Er hockte in seiner Wohnung, ohne dass er Kontakt zur Außenwelt gesucht hätte. Ich besuchte ihn fast jeden Tag auf dem Weg zur Arbeit, und eines Morgens, als ich ihn verwahrlost im Sessel sitzen sah, hockte ich mich vor ihn hin und sagte zu ihm: «Opa, du kannst nicht mehr allein bleiben. So geht es nicht weiter. Du musst in ein Pflegeheim. Da sind Leute, die passen den ganzen Tag auf dich auf. Die sorgen für dich. Das ist besser für dich, du wirst sehen.» Ich werde nie vergessen, wie er mich anschaute, mit ganz feuchten Augen, und einfach nur «ja» sagte, immer wieder «ja, ja, ja», mit einem ganz dünnen Stimmchen. Er gab auf, weil er selbst wusste, dass er allein nicht mehr zurechtkommen würde.

Sein Einzug ins Pflegeheim war schlimm. Ich merkte ihm an, dass er es für die Endstation hielt und glaubte, seine letzten Tage seien gezählt. Er sah ganz traurig aus, war mager und sehr wackelig auf den Beinen. Den Blick richtete er immer nach unten, seine Nase tropfte, ohne dass er ein Taschentuch benutzte – ein Bild des Jammers. Alles war neu, zu viele Eindrücke, zu viele Menschen. Wenn er am Esstisch saß, rührte er sich nicht, nahm keinen Bissen zu sich. Das ging ein paar Tage so, und ich fürchtete schon das Schlimmste. Es war einfach keine Regung mehr in ihm. Er war total in sich verkapselt und wartete auf sein Ende. Dann sprach ihn am Mittagstisch ein Bewohner an. Er war Russlanddeutscher, der wie mein Opa das sogenannte Plautdietsch beherrschte, eine westpreußische Variation des Niederdeutschen. Dieser Dialekt wird von den Russlandmennoniten gesprochen, einer Gruppe von Freikirchlern, die seit Endes des 18. Jahrhunderts in Russland, im Gebiet der heutigen Ukraine, siedelte. Mein Opa war ebenfalls dort geboren und lebte später jahrelang in einem Mennonitendorf in Paraguay. Ich hatte den anderen Bewohner darauf aufmerksam gemacht, dass mein Opa ihn wahrscheinlich verstehen würde, und ihn gefragt, ob er es nicht mal bei ihm versuchen wolle. Na klar! «Hei, wie jet et die? Wat wellst dü trinke? Sol wi wat singe?» Und das war's, das zündete. Mein Opa schaute hoch und antwortete ihm, kaum hörbar mit seiner schwachen Stimme. So ermutigt, sang der russlanddeutsche Bewohner die erste Zeile eines alten Lieds: «Schön ist die Jugend bei frohen Zeiten, schön ist die Jugend, sie kommt nicht mehr.» Mein Opa wusste sofort, wie es weiterging, und stimmte ein.

Da war er, der Impuls, wieder am Leben teilzunehmen, nicht alles schwarz in schwarz zu sehen, sondern Interesse zu entwickeln. Er erhielt hochkalorische Shakes, sodass er wieder zu Kräften kam. Schließlich wurde er in das Doppelzimmer des Plautdietsch-Kollegen verlegt und blühte regelrecht auf. Die beiden unterhielten sich, lachten gemeinsam über Dinge, die sonst kein Mensch verstand, und hatten richtig Freude aneinander. Mein Opa fand in seine alte Rolle zurück: Boss sein. Er nahm seinen Kumpel unter seine Fittiche, als dieser anfing abzubauen. Wenn der geklingelt hatte und eine Pflegekraft ins Zimmer kam, raunzte mein Opa sie sofort an, warum das denn so lange dauern müsse, bis mal jemand reagiert. Oder er reichte ihm das Essen an, was offiziell zwar nicht erlaubt ist, aber für beide von Vorteil war. Der Freund wurde zuverlässig versorgt und mein Opa hatte eine Aufgabe, an der er tatsächlich wieder wachsen konnte.

Mein Opa ist nur ein Beispiel. Aber eines von vielen. Veränderungen erscheinen den meisten Menschen zunächst einmal bedrohlich. Eine, bei der sie nicht nur eine kleine Sache, sondern ihr ganzes Leben umkrempeln müssen, natürlich erst recht. Doch es gibt viele gute Gründe dafür, sich der Neuerung vorurteilslos zu nähern. Erst dann sieht man nämlich die Vorteile, die sie mit sich bringt: Man ist auch in schlechtem Zustand gut versorgt, der Tag und das Leben sind strukturiert, und man erhält vielfältige Anregungen, auch durch die Gesellschaft der Mitbewohner, was den geistigen Abbau deutlich verlangsamt.

Die Alternative, von Angehörigen gepflegt zu werden, muss nicht in jedem Fall besser sein, für einen selbst nicht und auch nicht für die pflegenden Angehörigen. Im Altenheim arbeiten Fachkräfte aus verschiedenen Disziplinen, solche umfangreichen Kenntnisse können sich auch die eifrigsten Angehörigen nicht ohne weiteres aneignen. Fraglich ist auch, ob das jeweilige Zuhause eine gute Pflege überhaupt zulässt – und wie viel Privatsphäre den Betroffenen in einer beengten Wohnung, in der man sich 24 Stunden am Tag aufhält, eigentlich noch bleibt. Es kann durchaus sein, dass man im Altenheim mehr Privatsphäre genießt als in der Wohnung der Tochter oder des Sohns.

Das Leben im Pflegeheim ist kein Idyll, ich will kein falsches Bild davon zeichnen. Aber idyllisch ist es im bisherigen Zuhause auch nicht immer. Ob das Altenheim eine Option ist, wenn man pflegebedürftig wird, hängt von verschiedenen Faktoren ab, vor allem aber von zweien: der eigenen Haltung dazu und dem spezifischen Heim. Wer sich sperrt und schon von vornherein nichts Gutes daran finden kann, ins Heim zu ziehen, wird sich auf jeden Fall sehr schwer damit tun, eine Erfahrung zu machen, die ihn eines Besseren belehrt. Mein Opa hatte Glück, dass er auf den richtigen Menschen getroffen ist, so hat er's geschafft.

Der zweite Faktor ist die Einrichtung selbst. Es fehlen bundesweit viele Plätze, man muss also oft nehmen, was man bekommt, hat wenig oder keine Auswahl. In manchen Regionen ist die Situation schwieriger als in anderen. Dennoch glaube ich, dass man sich darum bemühen kann, etwas Gutes zu finden. Das bedeutet natürlich, dass man sich rechtzeitig darum kümmern sollte. Genau dann, wenn es «eigentlich noch ganz gut» geht, und nicht erst,

wenn es keine Alternative mehr gibt. Also, rechtzeitig darüber sprechen, die Veränderung der Lebenssituation nicht
tabuisieren und auf keinen Fall so lange warten, bis man
mit dem Rücken an der Wand steht.

KLEINER EXKURS ZU GEWALT

■ ■ ■

Ich komme noch darauf zu sprechen, woran man ein gutes Heim erkennen kann, will aber vorher kurz auf einen Aspekt eingehen, der sicher auch zur Angst vor dem Heim beiträgt. Das ist das Thema Gewalt. Gelegentlich liest man von massiven Misshandlungen, aber es geht nicht nur darum. Wenn man von Gewalt in der Pflege spricht, handelt es sich nicht unbedingt um Schläge oder Ähnliches. Gewalt kann sich auch äußern in freiheitsentziehenden Maßnahmen wie Fixierung oder in Grobheiten und Vernachlässigung. Hierzu Zahlen zu nennen ist schwierig, weil solche Dinge in den einzelnen Einrichtungen nicht systematisch erfasst werden und die Forschung vor dem Problem steht, dass kaum offen über dieses Thema gesprochen wird. Das Deutsche Institut für Pflegeforschung veröffentlichte Ende 2017 einen Bericht, der auf den per Fragebogen ermittelten Informationen von über 400 Personen aus der Alten-, Kranken- und Kinderpflege zu ihren Erfahrungen mit Gewalt im beruflichen Alltag beruhte. Demnach hatte jeder Zehnte Erfahrungen mit Gewalt gegen Patienten, Bewohner und Pflegebedürftige, aber auch gegen Pflegende gemacht. Die Jüngeren, also die Anfänger oder Schüler, berichten häufiger davon als die Älteren, was verschiedene Schlüsse zulässt. Zum Beispiel den, dass die Jüngeren noch einen frischeren Blick haben und sich stärker an den erlernten Grundsätzen orientieren als diejenigen, die schon lange im Beruf sind.[19]

Ich kann mich noch genau erinnern, wie erschüttert ich war, als ich in meinem Praktikum zum ersten Mal mit Gewalt in der Pflege konfrontiert wurde. Es handelte sich um eine Fachkraft, die kurz vor der Rente stand, und heute würde ich sagen, dass sie unter Cool-out litt. Das ist keine anerkannte Krankheit, aber sie existiert trotzdem. Der Betroffene ist gefühlskalt und erledigt seine Arbeit ohne jede innere Beteiligung – ein Phänomen, das sicherlich in vielen sozialen Berufen auftritt. Ich beobachtete, wie diese Person eine alte, bettlägerige Dame sehr grob aus dem Bett hochriss, sodass es sie schmerzte. Ich war schockiert, zumal ich den Eindruck hatte, dass es sich nicht um ein Versehen handelte. Das konnte ich nicht mit ansehen. Bei jeder Gelegenheit sagte ich zu der Kollegin, dass sie mich in das Zimmer der alten Dame gehen lassen sollte, ich würde ihr die Arbeit abnehmen – nur damit nicht noch mehr passierte. Ich versuchte, im Team anzudeuten, dass das Verhalten der Pflegekraft nicht in Ordnung sei, dass sie ohne Not grob und verletzend mit den Pflegebedürftigen umgehe. Doch als Antwort hörte ich Sätze wie: «Die geht eh bald in Rente. Und wenn die jetzt noch freigestellt wird und ausfällt, müssen wir schon wieder den Dienstplan umschreiben.» Die Sache wurde unter den Teppich gekehrt.

Damals als junger Mann habe ich das noch nicht so richtig überblickt. Heute würde ich sagen, dass jeder, der Gewalt zulässt, an ihrer Ausübung beteiligt ist. Es darf nicht sein, dass die Kollegen unaufmerksam sind oder weggucken. Die Bewohner brauchen unsere Hilfe, wir sind die Beschützer ihrer Seelen. Jeder, der gegen diese Grundsätze verstößt, muss erfahren, dass das nicht toleriert wird. Und noch eins ist dabei wichtig: Vielleicht braucht auch derjenige Hilfe, der Gewalt anwendet. Vielleicht kann er das Pensum, das von ihm erwartet wird, nicht mehr erfüllen und verliert deshalb die Kontrolle über sich selbst. Ich glaube, dass es sich in den seltensten Fällen um Sadisten handelt. Den meisten ist wohl in dem Moment gar nicht klar, dass sie gegen ihre eigenen Prinzipien verstoßen und den Schutz der ihnen Anvertrauten in sein Gegenteil verkehrt haben. Jede Pflegekraft hat mal mit guten, menschenfreundlichen Motiven angefangen, sonst hätte sie einen anderen Beruf ergriffen.

Für mich ist auch psychische Rohheit eine Form von Gewalt. Ich selbst habe mich da schon schuldig gemacht, unabsichtlich. Bei einem alten, an Demenz erkrankten Herrn, der nicht sprach. Ich hatte von den Kollegen die Information bekommen: Der spricht einfach nicht. Also gab ich mir gar keine Mühe, mit ihm zu reden. Ich übernahm diese Ansicht einfach so, war dermaßen in meiner Routine drin, dass ich mich ihm überhaupt nicht mehr zugewandt habe. Er war ein Auftrag, eine Zimmernummer für mich. Ich reichte ihm Essen an, ohne physische Gewalt – aber auch ohne Liebe. Ich fragte ihn überhaupt nicht danach, ob er wollte oder nicht. Ich zwang ihn zu nichts, blendete aber seine möglichen eigenen Wünsche vollkommen aus. Bis mir nach einiger Zeit klar wurde, was ich da machte. Keine Ahnung mehr, was der Auslöser war, aber ich dachte: Das ist einfach grässlich, wie ich mich hier verhalte. Wäre das mein Opa, würde ich doch ganz anders handeln. Und so fragte ich ihn beim nächsten Mal freundlich: «Herr Schmidt, haben Sie denn Hunger, möchten Sie etwas essen?» Das Normalste von der Welt. Er reagierte nicht, aber ich gab nicht auf und versuchte es jeden Tag wieder. Und tatsächlich, ein paar Tage später antwortete er aus tiefstem Herzen: «Jaaaaah, ich habe Hunger!» Ich war glücklich.

Es mag vielleicht harmlos klingen, aber Gefühllosigkeit ist der Anfang von Brutalität. Deshalb war es mir als Praxisanleiter immer sehr wichtig, die Schüler und Praktikanten darauf aufmerksam zu machen, dass Gewalt in der Pflege eine latente Gefahr darstellt, die sich schleichend aufbaut. Und dass man niemals darüber wegsehen darf, wenn man solche Szenen beobachtet. Man ist stets gefordert, sein eigenes Verhalten zu hinterfragen.

Ich höre oft, dass Menschen meinen: Zu Hause könnte das nicht passieren. Zu Hause ist es nicht so unpersönlich wie im Heim, und ich pflege ja meinen Mann / meine Frau / meine Mutter. Das ist etwas ganz anderes, ich habe schließlich eine vollkommen andere Beziehung zu der

Person, die ich pflege. Leider muss ich dazu sagen: Diese Ansicht hat keine Grundlage. Eine enge persönliche Beziehung ist kein Garant für einwandfreie Pflege. Die Dunkelziffer von Gewaltanwendung in der privaten häuslichen Pflege ist sehr hoch, weil nur ein Bruchteil der Fälle bekannt wird. Aber es fällt eben doch gelegentlich auf, wenn alte Menschen aus der häuslichen Pflege ins Krankenhaus kommen und unterernährt sind oder blaue Flecken haben. Oder sich bei bestimmten Bewegungen von Pflegepersonen ängstlich zeigen.

Die Beratungs- und Beschwerdestelle bei Konflikt und Gewalt in der Pflege älterer Menschen des Diakonischen Werks Berlin-Stadtmitte hat die Gründe aufgelistet, aus denen sich Menschen an sie wenden: zu 100 Prozent Überforderung, 76 Prozent Familienkonflikt, 65 Prozent Aggression, ebenfalls zu 65 Prozent innerpsychischer Konflikt und zu 24 Prozent Gewalt.[20] Ursachen für solch zugespitzte Situationen sind oft jahrelange Pflegedauer, die körperliche und emotionale Belastung, teils schwierige Krankheitsbilder mit bedrückenden, schwer auszuhaltenden Erscheinungsformen. Gewalt ist schlimm und darf nicht geschehen. Aber man muss sich auch in die Situation der Beteiligten versetzen. Manche Menschen verlieren die Nerven, wenn sie, teilweise über Jahre, einen Angehörigen versorgen, sein Inkontinenzmaterial wechseln, das Bett x-mal in der Woche neu beziehen müssen und dafür vielleicht nur Beschimpfungen ernten. Man betet sich vielleicht immer wieder selbst vor, dass der demente Vater nicht weiß, was er sagt. Aber dann kann eine Kleinigkeit das Fass zum Überlaufen bringen und man schlägt zu, nur um das Gemecker nicht mehr zu hören. Oder wenn man einen bettflüchtigen Menschen versorgen muss, was eigentlich ständige Aufmerksamkeit und Kontrolle verlangt. Da kann man vielleicht zu dem Schluss kommen, dass das eigene Leben vollkommen den Bach runtergeht, wenn man nicht … Und dann sperrt man eben den Pflegebedürftigen ein oder fesselt ihn ans Bett.

Ich rechne hier nichts auf, schon gar nicht Pflegeheim gegen eine Pflege durch Angehörige. Gewalt gegen hilfebedürftige Menschen, in welcher Form und wo auch immer, darf nicht sein. Ich möchte nur darauf aufmerksam machen, dass wir Bedingungen schaffen müssen, unter denen es weniger wahrscheinlich wird, dass Gewalt entsteht. Mehr Personal im Pflegeheim gehört auf jeden Fall dazu, ebenso die stärkere finanzielle und personelle Unterstützung von pflegenden Angehörigen.

WIE ERKENNT MAN EIN GUTES HEIM?

■ ■ ■

Wenn es nach dem Medizinischen Dienst der Krankenkassen (MDK) geht, der einmal im Jahr die Einrichtungen überprüft, dann gibt es eigentlich nur gute oder sehr gute Pflegeheime. Schaut man sich die Noten an, die der MDK verteilt, dann überwiegen die Beurteilungen mit einer 1 vor dem Komma, sehr selten steht mal eine 2 davor. Das wäre ja eine erfreuliche Nachricht – wenn sie denn aussagekräftig wäre. Aber das ist meiner Ansicht nach nicht der Fall, der Schein trügt. Zum einen weil jedes Heim tricksen kann, zum anderen weil verschiedene Bereiche geprüft werden, die dann eine Gesamtnote ergeben. Wer etwa für eine tadellose Dokumentation eine 1,0 erhält, kann damit einen schlechteren Wert bei der Pflege ausgleichen.

Qualitätsmanagement und Dokumentation: Sie spielen für die Gesetzgebung und die Überprüfung durch den MDK eine Riesenrolle. Die Daten und standardisierten Informationen stehen an erster Stelle. Man kann sich nicht vorstellen, was alles in einer ganz bestimmten Form dokumentiert sein muss. Einiges ist sinnvoll, etwa die Medikation, anderes ist absurd, etwa die ständig zu aktualisierende Beschreibung einer kleinen, harmlosen Wunde mit Maßen, Fotos, Veränderungen usw. Es gibt verschiedene Dokumentationssoftwareprogramme, mit denen sich die vielen Einzelangaben leichter systematisieren lassen, sodass jederzeit nach den Kriterien des MDK bestimmte Merkmale herausgefiltert werden können. Wahrscheinlich existieren noch Einrichtungen, die das «mit der Hand» erledigen, also auf Papier, aber ich kann mir nicht vorstellen, dass die das auf Dauer durchhalten können. Die Datensoftware erleichtert die Arbeit enorm. Jedoch bedeutet ihr Einsatz auch, dass alles, was elektronisch erfasst wird, standardisiert sein muss, sonst funktionieren die Suche und die Auswertung nicht. Das heißt, wir pressen alle Informationen zu Verwaltung, Pflege, Ernährung usw. in ein bestimmtes System. Ich will nicht abstreiten, dass es sinnvoll ist, in einem Betrieb (und das ist ein Pflegeheim ja letztlich auch) viele Dinge genau festzuhalten, damit man beispielsweise Abläufe, Kosten und Personaleinsatz nachvollziehen kann. Aber in der Pflege – wie übrigens auch in jeder Hausarztpraxis – hat die Dokumentation mittlerweile ein sehr raumgreifendes Eigenleben entwickelt.

Die Noten haben wegen dieser verschiedenen Bereiche, die sie umfassen, keine Aussagekraft. Erschwerend kommt aber hinzu, dass sie etwas Falsches suggerieren. Zwar weist der MDK selbst daraufhin, dass diese Noten keine Schulnoten sind. Eine 1 in der Schule bedeutet: «sehr gut, überdurchschnittliche Leistung». In der Pflege bedeutet eine 1 jedoch lediglich, dass die Mindeststandards erfüllt sind.[21] Aber: Welcher normale Mensch weiß das denn schon? Natürlich gehen die meisten davon aus, dass eine 1,0 in der Bewertung einer Pflegeeinrichtung quasi einem Zertifikat «erstklassiges Haus» gleichkommt. Die Berichte werden wohlgemerkt alle veröffentlicht, sodass jeder Interessierte die Bewertung der einzelnen Qualitätsbereiche nachvollziehen und sich eine eigene Meinung darüber bilden kann, ob ihm die gute Pflege oder die Verwaltung wichtiger ist. Allerdings machen das wohl die wenigsten, die auf der Suche nach einem Heimplatz sind. Man schaut vor allem auf zwei Werte: die Höhe des zu zahlenden Eigenanteils und die Gesamtnote.

Auch die Bewohner werden bei einer MDK-Prüfung stichprobenartig befragt. Das Ergebnis dieser Erhebung fließt nicht in die Gesamtnote ein, sondern wird gesondert ausgewiesen. Da geht es um Dinge wie «Entscheiden Sie, ob Ihre Zimmertür offen oder geschlossen gehalten wird?», «Können Sie jederzeit Besuch empfangen?», aber auch «Sind die Mitarbeiter höflich und freundlich?». Es ist natürlich gut, dass die Bewohner zu Wort kommen können. Aber auch hier ist die Aussagekraft meiner Meinung nach begrenzt. Viele Bewohner erfassen aufgrund von demenziellen Einschränkungen gar nicht genau, worum es geht. Außerdem muss man sich doch fragen, ob wirklich jemand sagt, dass die Behandlung schlecht ist, wenn eine Pflegekraft danebensteht, mit der der Betreffende nach

Abreise des MDK weiterhin zu tun hat. Für die Atmosphäre wäre das doch ziemlich nachteilig.

Was mich bei alldem am meisten stört: Selbst wenn Bewohner befragt werden, steht nach meiner Erfahrung nicht ihr tatsächliches Wohlergehen im Mittelpunkt, sondern die Erfüllung formaler Kriterien. Es wird geprüft, ob die Speisekarte gut gegliedert ist, aber nicht, wie viel der Bewohner isst, ob er gut aussieht oder mangelernährt. Und sollte der Gutachter doch mal den Eindruck haben, dass einer zu mager ist, dann ... ja genau, dann schaut er natürlich in die Dokumentation. Dort steht jedoch bestimmt nicht, dass die Pflegekraft es einige Tage verpasst hat, ihm das Essen anzureichen, weil sie aufgrund mehrerer Krankmeldungen von Kolleginnen keine Zeit dafür hatte. Oder dass sie das Anreichen der Mahlzeit aus Zeitmangel aufgeben musste, denn es kann manchmal bis zu einer halben Stunde dauern, ehe man einen demenziell erkrankten Bewohner davon überzeugt hat, zu essen. Die Dokumentation sähe dann ungefähr so aus: zu niedriges Gewicht, Maßnahmen erfolgen mit hochkalorischer Kost, der Arzt ist informiert, das Gewicht wird beobachtet, der Bewohner wird jede Woche gewogen. Es fallen alle Schlüsselbegriffe, und der MDK ist zufrieden. Er fragt nicht: Warum isst dieser Mensch nicht, was ist los mit ihm? Sondern er schaut: Ist das beschrieben und dokumentiert? Ja. Prima, das wirkt doch sehr plausibel, alles im grünen Bereich.

Ich sprach den früheren Gesundheitsminister Hermann Gröhe auf dem Pflegetag 2017 darauf an, dass diese Kontrollen und Bewertungen des MDK doch gar nicht viel bringen. Er konnte meine Beschwerde zwar nachvollziehen, aber es änderte sich nichts. Als ich in der Sendung «Maischberger» mit dem neuen Gesundheitsminister Spahn zusammentraf, wiederholte ich meine Ansicht. Er stimmte mir zu und es war auch bereits ein neues System in Arbeit, das zum 1. November 2019 in Kraft trat. Es wurde ein neues Qualitätsbewertungssystem für die vollstationäre Pflege eingeführt, das ohne Noten auskommt. Stattdessen werden «ergebnisbezogene Qualitätsindikatoren» geprüft. Die Qualitätsprüfungsrichtlinien (QPR vollstationär), so der Name der neuen Regelung, stellen die «Inaugenscheinnahme» des Bewohners und die Gespräche mit den Fachkräften in den Vordergrund. Die Einrichtungen selbst müssen alle sechs Monate ihre Daten zu den Qualitätsindikatoren erheben und verschlüsselt an eine Auswertungsstelle übermitteln. Allein die «Vereinbarung nach § 115 Abs. 1a SGB XI über die Darstellung und Bewertung der Qualitätsindikatoren gemäß § 113 Absatz 1a SGB XI und der Ergebnisse aus Qualitätsprüfungen nach §§ 114 f. SGB XI – Qualitätsdarstellungsvereinbarung für die stationäre Pflege (QDVS) – vom 19.3.2019» des GKV-Spitzenverbands mit den verschiedenen Trägern der Pflegeeinrichtungen zur Darstellung der Qualität umfasst inklusive Anlage 20 Seiten.[22] Und dabei wird es mit Sicherheit nicht bleiben, es sind jede Menge Durchführungsregeln nötig, die dargestellt und erläutert werden müssen.

Es ist noch zu früh, um zu beurteilen, wie sich das alles in der Praxis bewähren wird. Meiner Ansicht nach ist es auf jeden Fall erst einmal wieder ein neuer Auftrag, noch mehr Daten zu erheben und zu dokumentieren. Je mehr Daten, desto unübersichtlicher und unklarer die Aussagen. Der GKV-Spitzenverband, die Interessenvertretung der gesetzlichen Kranken- und Pflegekassen, bewertete die Pläne Ende 2018 so: «Künftig werden sehr viel mehr Daten und Informationen – gerade zur Ergebnisqualität – verfügbar sein. Das ist grundsätzlich gut. Gemessen am Auftrag des Gesetzgebers, den Verbraucherinnen und Verbrauchern übersichtliche, verständliche und vergleichbare Informationen zu geben, muss man jedoch feststellen: Bisher liegen keine befriedigenden Vorschläge der Wissenschaftler zur Darstellung von Pflegequalität vor.»[23]

Darauf können die Verbraucherinnen und Verbraucher aber nicht warten. Sie müssen sich selbst ein Urteil bilden, bevor sie in eine Pflegeeinrichtung ziehen oder dort einen Angehörigen unterbringen. Woran also erkennt man ein gutes Heim? Oder ist die Frage falsch gestellt und es gibt gar keine guten Einrichtungen? Doch, es gibt sie – bei allem, was von uns Pflegekräften selbst oder von anderen an Heimen kritisiert wird. Eine Pauschalregel, nach der man sich bei der Auswahl eines Heims richten könnte, existiert jedoch nicht. Ob es sich um Diakonie, Rotes Kreuz, Johanniter, Caritas, Curanum, AWO, städtische oder private Heime, kleine oder größere Unternehmensgruppen handelt: Es lässt sich nicht verallgemeinern, dass dieser oder jener Träger mit Sicherheit ein besseres Niveau erreicht als die anderen beziehungsweise dass einer dauerhaft schlechte Leistungen abliefert. Ich kann nur ein paar Empfehlungen aussprechen, die als Orientierung dienen mögen. Es erklärt sich beispielsweise von selbst, dass eine Einrichtung, die konstant damit wirbt, besonders preiswert zu sein, manches einfach auch billiger machen muss. Wenn einem das egal ist oder wenn es aus finanziellen Gründen partout nicht anders geht, spricht sicher nichts dagegen, solch ein Heim in Erwägung zu ziehen.

Generell würde ich raten: Man muss in ein Heim gehen und sich einfach mal umschauen und -hören. Es ist, wie wenn man eine neue Wohnung besichtigt, da will man nicht nur die Armaturen und Fenster prüfen, sondern auch die Atmosphäre in sich aufnehmen. Natürlich geht es auch in einem Heim um die augenscheinlichen Dinge: Ist es ein Uraltbau, der nicht gut gepflegt wurde, ist die Lage schlecht, sei es an einer lauten Straße oder mit öffentlichen Verkehrsmitteln nur schwer zu erreichen, sind die Zimmer klein, gibt es genügend Einzelzimmer, wird im Haus gekocht oder kommt alles von einem Lieferanten? Aber es geht auch um anderes, eben um die Stimmung, das Klima: Hat man ein gutes Gefühl, grüßen einen die Leute oder hetzen alle an einem vorbei, wie sprechen die Mitarbeiter untereinander, in kollegialem Tonfall oder eher ruppig, wirken die Bewohner zufrieden? Das ist alles sehr subjektiv und erlaubt kein abschließendes Urteil. Aber ich bin sicher, dass man über diesen Zugang einen fundierteren Eindruck erhält, als wenn man nur nach den Daten und Fakten schaut. Man sollte außerdem verschiedene Häuser besuchen und miteinander vergleichen. Oft habe ich gehört, dass die erstbeste Einrichtung genommen wurde oder die, die am nächsten lag. Warum nicht lieber einen etwas weiteren Weg in Kauf nehmen, wenn die Einrichtung einen besseren Eindruck macht? Das ist doch wichtiger.

Meiner Meinung nach kommt es nicht in erster Linie auf den Träger an, sondern auf die Leitung der jeweiligen Einrichtung. Damit meine ich tatsächlich das einzelne Heim. Hier schlägt sich die «Philosophie» des Trägers nieder, unabhängig von dem, was in den Broschüren und auf den Unternehmenswebseiten geschrieben steht. In einem Altenpflegeheim ist es wie überall: Der Fisch stinkt vom Kopf her oder eben nicht. Selbst wenn man es nicht mit bloßem Auge sieht, machen sich der Führungsstil und der Wertekanon eines Hauses in allem bemerkbar. Wer von oben nach unten regiert, vor allem den Profit als Ziel sieht und den Mitarbeitern durch schlechte Organisation das Leben vergällt, der wird niemals ein Team um sich versammeln können, das das Wohl des alten Menschen über alles stellt. Ich meine, jeder Besucher, der nur ein wenig aufmerksam ist, kann fühlen, was für eine Stimmung bei den Mitarbeitenden herrscht. Und daraus kann er schließen, wie die Führung gestrickt ist. Am besten wäre es, wenn man an mehreren Tagen käme, damit es nicht bei einem punktuellen Eindruck bleibt. Wenn ich auf der Suche nach einem Platz für einen Angehörigen wäre, würde ich fragen, ob ich mal zum Mittagessen kommen oder vielleicht sogar ein paar Tage als Ehrenamtlicher mitarbeiten kann.

Die Erfahrungen anderer sollte man ebenfalls einbeziehen. Wer schon einen Angehörigen in einer bestimmten Einrichtung hat, weiß sicher einiges aus eigenem Erleben zu berichten. Aber aufgepasst: Nicht alles Negative würde man selbst genauso empfinden, und man sollte unterscheiden können, ob es sich um Kritik oder Meckerei handelt, um gerechtfertigte Wünsche oder überzogene Ansprüche.

Statistisch belegen kann ich es nicht, aber ich gehe davon aus, dass die Einrichtungen, die gut geführt sind und in denen sich die Mitarbeiter wohlfühlen, keine großen Personalsorgen haben. So habe ich es jedenfalls immer erlebt. In der Stadt ist es vielleicht ein bisschen schwieriger als auf dem Land, aber generell gilt: Gute Heime bieten den Pflegekräften genügend Gründe, bei ihnen zu arbeiten. Sie haben es nicht nötig, superteure Kampagnen zu lancieren oder Plakate vor die Tür zu stellen: «Wir suchen Sie!» Die guten Heime werden gefunden, keine Frage.

Was zeichnet sie noch aus? Einige sind besonders flexibel in der Dienstgestaltung, überzeugen mit Extraleistungen oder haben interessante Weiterbildungskonzepte. Es geht vor allem darum, dass die Wertschätzung des Trägers und der Einrichtungsleitung für die Mitarbeiter spürbar wird, und das nicht nur in materiellen Zuwendungen. Ein

Heim ist gut, wenn wir Pflegende in Ruhe und mit Freude das tun können, wofür wir angetreten sind: alten Menschen ein schönes Zuhause und ein würdevolles Leben zu bieten.

MEIN APPELL AN ...

■ ■ ■

... DIE POLITIK

Früher hätte ich gesagt, dass am besten alle Einrichtungen in staatlicher Hand sein sollten. Jetzt, da ich schon in so vielen verschiedenen Häusern gearbeitet und zahlreiche neue Pflegegesetze miterlebt habe, sehe ich das anders. Ich glaube nicht mehr, dass der Staat alles am besten lenkt und regelt. Man denke nur an das Pflege-Weiterentwicklungsgesetz (PfWG, 2008), Pflege-Neuausrichtungsgesetz (PNG, 2013) Pflegestärkungsgesetz I (PSG I, 2015), Pflegezeit- und Familienpflegezeitgesetz (PfZG / FPfZG, 2015), GKV-Versorgungsstärkungsgesetz (GKV-VSG, 2015), Präventionsgesetz (PrävG, 2015), Hospiz- und Palliativgesetz (HPG, 2015), Pflegestärkungsgesetz II (PSG II, 2016), Krankenhausstrukturgesetz (KHSG, 2016), Pflegestärkungsgesetz III (PSG III, 2017), Pflegeberufegesetz (PflBG, 2017), Bundesteilhabegesetz (BTHG, 2017), Pflegepersonal-Stärkungsgesetz (PpSG, 2019) – mal ehrlich, hören sich diese Namen und Abkürzungen nicht verrückt an? Irgendwie

irreal? Was Gesetzgebung und das Anhäufen von Wort-
bergen betrifft, ist in den letzten Jahren wahrlich genug
geleistet worden.

Es ist Zeit, dass sich die Politik mal der Praxis zuwendet.
Sicher sind diese Gesetze in guter Absicht entstanden und
haben einiges verbessert, gleichzeitig haben sie aber auch
alles enorm verkompliziert und bürokratisiert. Umso
mehr gilt es, den Blick von den Formularen und Tabel-
len weg auf den Menschen zu richten, den alten und den
pflegenden Menschen. Die mikroskopisch kleinfumme-
lige Behandlung von irgendwelchen juristischen Punkten
und Unterpunkten, um alle Eventualfälle abzusichern, ist
sinnlos und außerdem hinderlich in der Praxis. Es geht
bei uns nicht um das juristische Kleinklein, sondern um
das große Ganze des Lebens. Und wie jeder weiß, muss
man sich im Leben auch ein bisschen flexibel zeigen. Damit man reagieren kann auf das, was gerade dran ist und
getan werden muss. Das kann kein Gesetz der Welt regeln.

Die Politik sollte sich darauf konzentrieren, nicht
auch noch den letzten Bettzipfel kontrollieren zu wollen, sondern stattdessen funktionierende, sinnvolle Rahmenbedingungen zu schaffen – damit die Bedürfnisse der
Pflegebedürftigen, der Angehörigen und der Pflegenden
erfüllt werden können. Dafür ist eine Menge Geld nötig,
auch jenes, das in den letzten Jahrzehnten auf Kosten der
Versorgung eingespart wurde. Die Löhne der Profis und
die Unterstützungsleistungen für pflegende Angehörige
müssen angehoben werden. Darüber hinaus gilt es, vieles

zu vereinfachen und bürokratische Hürden abzubauen, die einem auch in der privaten häuslichen Pflege im Wege stehen. Warum muss es so kompliziert sein, Zuschüsse zum Umbau von Wohnungen zu bekommen, warum hält man an diesen starren Pflegegraden fest und honoriert Leistungen nicht nach Aufwand beziehungsweise Bedarf, wie zum Beispiel in Dänemark oder teilweise in den Niederlanden?

Es gibt hier und da kreative Ansätze der öffentlichen Hand, um etwa die Entscheidung für den Pflegeberuf von Beginn an zu unterstützen. So werden in Düsseldorf im Rahmen eines Modellprojekts von Universitätsklinik und Städtischer Wohnungsgesellschaft günstige Wohnungen unter anderem für Pflegeazubis geschaffen. Man hat erkannt, dass es für die Auszubildenden schwer wird, in einer teuren Stadt bezahlbaren Wohnraum zu finden. Also nehmen sich der Ausbildungsbetrieb und die Stadt gemeinsam der Sache an. Jeder hat Interesse daran, jeder profitiert davon. Das ist doch mal was.[24]

In manchen Fällen aber stehen solch kreativen Ideen die Gesetze entgegen. In München mit seinen horrenden Mieten etwa vermietet die Ordensgemeinschaft der Barmherzigen Schwestern, die mehrere Krankenhäuser und Pflegeheime betreibt, ihren Pflegekräften Wohnungen aus dem eigenen Bestand zu günstigeren Tarifen, als sie in München üblich sind. Wunderbar, möchte man meinen, eine sehr gute Idee. Leider erhob das Finanzamt Einspruch. Die Mieten seien zu niedrig und daher als geldwerter Vorteil anzusehen, also so ähnlich, als wenn die Pflegekräfte einen Dienstwagen fahren würden. Den geldwerten Vorteil müssen sie versteuern, andernfalls ist der Orden dazu verpflichtet, die Mieten auf das «ortsübliche Niveau» anzuheben. Das aber verhindert ja wiederum die Anwerbung von Pflegekräften – die Katze beißt sich in den Schwanz.[25] Ist so etwas nicht absurd und fürchterlich zugleich?

Man könnte bestimmt noch eine Menge Beispiele aufführen, die zeigen, dass es gute Ansätze hierzulande schwer haben, weil sie ein bisschen kreativer sind als der normale Betrieb. Deshalb wünsche ich mir, dass die Politiker, die in irgendeiner Form für Pflege zuständig sind, einfach mal für ein paar Wochen raus in die Praxis gehen, in Pflegeheime und zu ambulanten Pflegediensten, in Privatwohnungen mit Pflegebedürftigen – und das am besten in Begleitung der Verwaltungsfachleute von Pflege- und Krankenkassen. Direkt nach dem Praxisschock käme die große Einsicht, da bin ich mir ganz sicher.

... DIE DEUTSCHEN

Wenn ich mich an die Deutschen wende, spreche ich natürlich auch all jene an, die mit anderer Staatsangehörigkeit dauerhaft in Deutschland leben. Kümmert euch um euer Alter, und zwar *bevor* ihr alt seid! Die Deutschen, die doch so groß im Organisieren und Planen sind, haben keine Ahnung von den Pflegekosten, die auf sie zukommen können. Eine Emnid-Studie ergab, dass 43 Prozent der Befragten glauben, die Pflegeversicherung übernehme die vollen Kosten einer Heimunterbringung – nur zur Erinnerung: Der durchschnittliche Eigenanteil beträgt 1843 Euro im Monat. Das sind schon mal 1843 Euro Unterschied zwischen Realität und Wunschvorstellung. 41 Prozent der Befragten sorgen nicht zusätzlich vor, weil sie glauben, dass der Staat für die Kosten aufkommt oder es bereits ausreicht, in die Pflegeversicherung einzuzahlen. Diese Unwissenheit zieht sich durch sämtliche Bevölkerungs- und Altersschichten.[26]

Das ist natürlich in finanzieller Hinsicht naiv, um nicht zu sagen dumm. Es ist auch rücksichtslos, weil man mit so einer Haltung später schnell anderen auf der Tasche liegt, sei es den Kindern oder dem Staat. Ich glaube, dass der eigentliche Grund dafür weniger finanzielles Unwissen ist als vielmehr die Tatsache, dass man sich einfach nicht mit dem Gedanken anfreunden will, alt zu werden. Ebenso vermeidet man die Vorstellung, dass jemand in der engeren Umgebung eines Tages pflegebedürftig sein könnte. Diese Verweigerungshaltung dem Alter gegenüber macht es nicht nur den Leuten selbst schwer, sondern auch all jenen, die mit Pflege zu tun haben. Warum diese absichtlich herbeigeführte Distanz? Es geht nicht um Katastrophenvorsorge, sondern um Lebensfürsorge. Die Wertschätzung des Alters und des alten Menschen gehört zum Leben dazu – auch zu unserem eigenen.

Nehmt euch ein Beispiel an uns, den Pflegekräften. Wir machen als Azubis schon in jungen Jahren die Erfahrungen, denen viele ausweichen. Wir beschäftigen uns mit Vergänglichkeit und Tod. Alter ist nichts Schlimmes, es ist eine natürliche Entwicklung, und das Alter kann tatsächlich sehr schön sein. Aber nur, wenn man sich dem stellt. Und am besten wird es, wenn man es sogar willkommen heißt.

... DIE PFLEGEKRÄFTE

Mein Appell an die Pflegekräfte lautet ganz schlicht: Sagt der Welt, wie schön unser Beruf ist, wie erfüllend und wie sinnstiftend. Sagt es bitte laut, richtig laut! Wir beschäftigen uns mit dem Lauf des Lebens – und zwar ohne Angst und Abwehr. Wir profitieren für unser eigenes Leben, weil wir so viele großartige Erfahrungen machen und vielen bewundernswerten Menschen begegnen. Lasst nicht zu, dass das im Alltag untergeht.

Wir sind das Rückgrat der Altenpflege, und wir haben ein Recht darauf, unter Bedingungen zu arbeiten, bei denen der Mensch im Mittelpunkt steht. Das bedeutet auch, dass wir mit unserer Arbeit genügend verdienen können müssen und dass sie uns nicht kaputt machen darf. Dazu müssen alle beitragen: die Politik, die Träger der Heime, aber auch jede Einrichtungsleitung vor Ort. Und natürlich wir selbst.

Traut euch was! Ich bin sicher, dass wir gehört werden und die Wertschätzung erfahren können, die wir uns wünschen. Erzählt, was ihr tut und wie viel unsere Arbeit für die Gesellschaft und jeden Einzelnen wert ist. Ich bin optimistisch und überzeugt davon, dass wir zusammen viel verändern können. Aber zuallererst sollten wir stolz auf uns sein – sehr, sehr stolz!

HERZLICHEN DANK!

■ ■ ■

Pflege ist immer Teamarbeit – und das gilt auch für dieses Buch. Viele Menschen haben uns an ihren Erfahrungen teilhaben lassen und sind direkt oder indirekt am Zustandekommen des Buchs beteiligt: Marcus Rasim, Schulleiter der Berufsfachschulen für Altenpflege und Altenpflegehilfe Scheinfeld in Bayern und Trainer der Nationalmannschaft Pflege, danken wir für den regen Austausch über die Besonderheiten der Ausbildung von Pflegekräften; Dagmar Schürzmann, Einrichtungsleiterin des Seniorenzentrums Theresienheim der Sankt-Augustinus-Gruppe in Viersen, verdanken wir viele Einsichten zur Werteorientierung und ihrer Bedeutung für die Pflege.

Mirjam Rienth, Geschäftsführerin von Jobtour medical, gebührt Anerkennung für ihren Einsatz und die Ausrichtung des Pflegeawards «Herz und Mut», der den Pflegekräften den Respekt zukommen lässt, den sie verdienen. Darüber hinaus hat Mirjam Rienth mir sehr dabei geholfen, meinen Weg in der Öffentlichkeitsarbeit zu finden und meine Ansichten selbstbewusst zu vertreten. Mein Dank geht außerdem an Manuel Benz, Leiter der

Altenpflegeschule Bühl, der ein toller Gesprächspartner ist und mich (und andere) immer wieder inspiriert.

Kristina Ursić war zu Beginn meine Mentorin, sie hat mir unendlich viel beigebracht, dafür bin ich ihr dankbar. Sehr viel habe ich den Pflegehelferinnen zu verdanken, allen voran Tatjana Schmeichel, Vera Vogel und Erna Nestmann. Sie sind «Urgesteine der Pflege», von denen ich sehr viel gelernt habe, oftmals mehr als von den Fachkräften. Ich habe sie nie vergessen.

Dank geht auch an Jean-Marc Maier, den Geschäftsführer der Unternehmensgruppe Maier, sowie an seine Frau Katrin Maier dafür, dass ich in ihren Einrichtungen arbeiten konnte und auf meinen Social-Media-Plattformen darüber berichten durfte.

Bei der Fotografin Alexa Kirsch bedanke ich mich für die schönen Fotos von mir und meinem Großvater.

All meinen Freunden und meiner Familie bin ich zutiefst dankbar, dass sie mich stets unterstützt haben und Verständnis zeigten, wenn mal wieder sämtliche Pläne und Verabredungen umgeworfen werden mussten, weil sich der Dienstplan plötzlich geändert hatte oder die Überstunden kein Ende nahmen. Ohne solche Angehörigen schafft man es kaum, in der Pflege durchzuhalten, auch wenn man seinen Beruf so liebt wie ich. Meiner Verlobten Mikaelly Lima da Silva danke ich aus ganzem Herzen dafür, dass sie mir stets den Rücken gestärkt und mich enorm unterstützt hat, als meine Öffentlichkeitsarbeit immer mehr zunahm und ich außerdem sehr viele Außendienste leistete.

Großer Dank gebührt natürlich auch den vielen Fans auf Facebook und Instagram, die freimütig über ihre persönlichen Erfahrungen reden und so das Bild der Pflege besonders farbig machen.

Sandro Pé und Doris Mendlewitsch

PS: Vielen Dank auch an Susanne Frank vom Rowohlt Verlag. Ohne deine Initiative wäre das Projekt gar nicht zustande gekommen. Außerdem hast du mir Doris Mendlewitsch zur Seite gestellt. Bei dir, liebe Doris, bedanke ich mich besonders herzlich. Du hast meine Gedanken geordnet und in Form gebracht, intensiv recherchiert und das Ganze überhaupt erst zu einem Buch gemacht. Ich bin sehr stolz darauf und hoffe, dass es im positiven Sinne Anstoß erregen wird.
Sandro

QUELLEN

■ ■ ■

1 Statistisches Taschenbuch Tarifpolitik 2019, Wirtschafts- und Sozialpolitisches Institut der Hans-Böckler-Stiftung, verfügbar unter https://www.boeckler.de/wsi-tarifarchiv_4828.htm (abgerufen am 29. 8. 2019).

2 «Gehalt: Wie viel verdient man bei Aldi und Lidl?», verfügbar unter https://www.merkur.de/leben/karriere/gehalt-aldi-lidl-zr-8781110.html (abgerufen am 29. 8. 2019).

3 Seibert, H., Carstensen, J., Wiethölter, D.: «Aktuelle Daten und Indikatoren. Entgelte von Pflegekräften – große Unterschiede zwischen Berufen, Bundesländern und Pflegeeinrichtungen», Deutsches Institut für Arbeitsmarkt- und Berufsforschung, 22. 11. 2018, S. 4.

4 Siehe den Artikel «Nachhaltig ausgerichtete Gewinnung von Pflegekräften (Triple Win)» auf der Homepage der Deutschen Gesellschaft für Internationale Zusammenarbeit, https://www.giz.de/de/weltweit/41533.html (abgerufen am 31. 8. 2019).

5 Frankfurter Allgemeine Sonntagszeitung, 21. 7. 2019: «Südosteuropa blutet aus».

6 «Gesetzentwurf: Bessere Löhne in der Pflege – Kostenexplosion für die Pflegebedürftigen», Pressemeldung vom 19.6.2019. Online verfügbar unter https://www.stiftung-patientenschutz. de/2019/06/Gesetzentwurf-Bessere-Löhne-in-der-Pflege-Kosten explosion-für-die-Pflegebedürftigen (abgerufen am 31.8.2019).

7 Anteil der Demenzerkrankten in Pflegeheimen: https:// www.deutsche-alzheimer.de/unser-service/archiv-alzheimer-info/mit-demenz-im-pflegeheim.html (abgerufen 18.9.2019).

8 Vergleiche ersatzkasse magazin 3./4.2018: Personalbedarf in Pflegeeinrichtungen. Einheitliche Bemessung, von Prof. Dr. H. Rothgang, https://www.vdek.com/magazin/ausgaben/20 18-0304/personalbemessung.html (abgerufen am 18.9.2019).

9 «Die Arbeitsmarktsituation von Frauen und Männern 2018». Berichte: Blickpunkt Arbeitsmarkt, Juli 2019. Online verfügbar unter https://statistik.arbeitsagentur.de/Statischer-Content/ Arbeitsmarktberichte/Personengruppen/generische-Publikatio nen/Frauen-Maenner-Arbeitsmarkt.pdf, S. 14 (abgerufen am 2.9. 2019).

10 Frankfurter Allgemeine Zeitung, 10.5.2019: «Fachkräfte-mangel in der Altenpflege wird immer dramatischer».

11 Frankfurter Allgemeine Zeitung, 16.7.2018, Artikel online verfügbar unter https://www.faz.net/aktuell/wirtschaft/spahn-ich-haette-lieber-weniger-leiharbeit-in-der-pflege-und-mehr-festangestellte-15693294.html (abgerufen am 8.9.2019).

12 Agentur für Arbeit: Arbeitsmarktsituation im Pflegebereich, Mai 2019, S. 9, verfügbar unter https://statistik.arbeitsagentur.

de/Statischer-Content/Arbeitsmarktberichte/Berufe/generische-Publikationen/Altenpflege.pdf (abgerufen am 8.9.2019).

13   brandeins 8/2019: «Umsorgen, nicht pflegen», https://www.brandeins.de/magazine/brand-eins-wirtschaftsmagazin/2019/mit-leichtem-gepaeck/umsorgen-nicht-pflegen (abgerufen am 18.9.2019).

14   https://www.aerztezeitung.de/politik_gesellschaft/pflege/article/955921/krankenstand-beunruhigend-hohe-zahlen-altenpflege.html?sh=4&h=1045354747 (abgerufen am 9.9.2019).

15   Meißner, N.: «Marktanalyse Tagespflege: Versorgungssituation in Großstädten und Bundesländern», online verfügbar unter https://www.bock.net/news-detail/tagespflege-plaetze-grossstaedte-deutschland-2018-2/ (abgerufen am 9.9.2019).

16   «Informationsblatt zum zinslosen Darlehen nach § 3 des Familienpflegezeitgesetzes», online verfügbar unter https://www.wege-zur-pflege.de/fileadmin/daten/Antraege/Familienpflegezeit/Neu_barrierefrei_30.03/Informationsblatt_barrierefrei.pdf (abgerufen am 9.9.2019).

17   http://dipbt.bundestag.de/dip21/btd/19/115/1911550.pdf.

18   Rheinische Post 5.6.2019, Seite B1: «In NRW sind Pflegeheime am teuersten».

19   Weidner, F., Tucman, D., Jacobs, P. (2017): Gewalt in der Pflege. Deutsches Institut für angewandte Pflegeforschung e.V. (DIP), Köln. Online verfügbar unter http://www.dip.de/materialien (abgerufen am 9.9.2019).

20 Werkstattgespräch Präsentation 8, ohne Angabe des Erscheinungsjahrs.

21 https://www.mdk-nordrhein.de/versicherte/qualitaetsprue fung-im-pflegeheim/ (abgerufen am 9. 9. 2019).

22 https://www.mds-ev.de/fileadmin/dokumente/Publikatio nen/SPV/Expertenstandards_113/QDVS_Vereinbarungstext_ 190319.pdf (abgerufen am 10. 9. 2019).

23 Marini, A., Härschel, A.: «Pflegenoten sind Vergangenheit, aber verbraucherfreundliche Alternative fehlt noch». In: 90 Prozent, E-Magazin des GKV-Spitzenverbandes, Ausgabe 11, Dezember 2018, online verfügbar unter https://www.gkv-90prozent.de/ bilder/ausgabe_11/tiefer-geblickt_pflegenoten-sind-vergangen heit.pdf (abgerufen am 10. 9. 2019).

24 Pressemitteilung der Stadt Düsseldorf vom 27. 5. 2019.

25 Süddeutsche Zeitung, 15. 11. 2018: «Finanzamt will Steuern für günstige Miete eintreiben». Artikel online verfügbar unter https://www.sueddeutsche.de/muenchen/finanzamt-geldwer ter-vorteil-mieten-pflegekraefte-1.4212728 (abgerufen am 13. 9. 2019).

26 Ärzteblatt, 11. 3. 2019: «Viele Deutsche unterschätzen Pflegekosten im Alter».

Christoph Lixenfeld
Schafft die Pflegeversicherung ab!

Warum wir einen Neustart brauchen

Nur sechs Prozent der Deutschen
würden freiwillig in ein Pflegeheim
ziehen, trotzdem werden es von Jahr zu
Jahr mehr. Das System steht vor dem
Ruin. Investoren und Betreiber
verdienen umso besser, je schlechter die
Zustände in den Heimen sind – ein
Skandal. Und die Branche leidet unter
massivem Personalmangel.
In der ambulanten Pflege betrügen
bandenmäßig agierende Pflegedienste,
Ärzte, Apotheken und Sanitätshäuser

224 Seiten

die Kassen – also uns alle – seit Jahren um Milliarden. Reformen
nützen nichts, erklärt Experte Christoph Lixenfeld in dieser
schonungslosen Bestandsaufnahme. Er fordert einen kompletten
Neuanfang – und zum Glück gibt es Alternativen.

Weitere Informationen finden Sie unter **rowohlt.de**